強いカラダをつくる！

10代スポーツ選手のケガ予防と回復食

Recipes & Nutriments for Teenage Athletes

管理栄養士 川端理香 著

CONTENTS

本書の見方 …… 4
はじめに …… 6

Chapter 1
スポーツ選手の栄養と食品の基礎知識

スポーツ選手が知っておきたい栄養素 …… 8
ケガ予防・回復の6品目献立 …… 12
ケガを予防・回復する生活サイクル …… 16
ケガをした時に気をつけること …… 18
ケガをした時の栄養摂取 …… 20

Chapter 2
スポーツ選手によくある症状の予防・回復食

10代スポーツ選手によくある症状について知る …… 24
疲労 …… 24
貧血 …… 25
夏バテ／痙攣《けいれん》 …… 26
熱中症／かぜ …… 27
下痢《げり》／便秘 …… 28
減量（体脂肪ダウン）／ストレス …… 29

スポーツ選手によくある症状の予防・回復食

主食 …… 30
主菜 …… 36
副菜 …… 42
汁物 …… 46
デザート …… 48
補食のとり方・外食のとり方① …… 50

column 1
身につけておきたいケガの予防法 …… 52

Chapter 3
筋肉の症状の予防・回復食

10代スポーツ選手に多い筋肉の症状 …… 54
筋肉痛 …… 54
肉離れ（筋挫傷《きんざしょう》） …… 55
筋膜炎《きんまくえん》 …… 56
筋痙攣《きんけいれん》 …… 57
筋肉の症状を予防・回復させるのに必要な栄養素 …… 58
ケガに負けない身体をつくるストレッチ …… 59

筋肉の症状の予防・回復食

主食 …… 60
主菜 …… 66

副菜……72
汁物……76
デザート……78
補食のとり方・外食のとり方②……80

column 2 ケガや体調不良などの応急処置……82

mini特集 女子選手
女性特有の症状と向き合う……84
積極的にとりたい食材……86
代謝について……88
過食・拒食を防ぐためのヒント……90
「女性選手の三主徴」について知ろう……92

Chapter 4 骨と関節の症状の予防・回復食
10代スポーツ選手に多い骨と関節の症状……94
野球肩……94
野球ひじ（投球ひじ）／テニスひじ……95
疲労骨折／ランナーひざ・ジャンパーひざ……96
オスグッドシュラッター病……97
シンスプリント……98
骨と関節の症状を予防・回復させるのに必要な栄養素……99

骨と関節の症状の予防・回復食
主食……100
主菜……106
副菜……112
汁物……116
デザート……118
補食のとり方・外食のとり方③……120

column 3 ケガをした時の食事の重要性……122

Chapter 5 スポーツ選手の食事のコツ
試合に向けた食事のとり方……124
試合後の食事のとり方……128
水分補給の重要性……130
ケガの予防・回復におすすめの食材……134
症状別レシピINDEX……140

本書の見方

この本は、スポーツ選手のケガをはじめとするさまざまな症状の予防法と対処法、それぞれの目的に合わせたレシピなどを紹介しています。ここでは、症状の解説ページとレシピの見方のポイントを紹介します。料理をつくる前に確認しておきましょう。

症状について

❶症状の名前と解説

「スポーツ選手によくある症状」、「筋肉の症状」、「骨と関節の症状」のうち、代表的なものをとりあげて解説しています。どんな状況で起こり、具体的にどんな症状なのか、その内容を把握しておくことはとても大切です。

❷予防法と対処法

それぞれの症状の予防法と対処法を紹介しています。食事や睡眠などの生活サイクルを整えることで、未然に防ぐことも多いので参考にしてください。

❸具体的な予防法や原因

症状ごとに、より具体的な予防法や原因についてポイントを紹介しています。

❹必要な栄養素

症状を和らげるために、どんな栄養素をとるべきか紹介しています。それぞれの栄養素が含まれている食材についての紹介は、P8～11を参照してください。

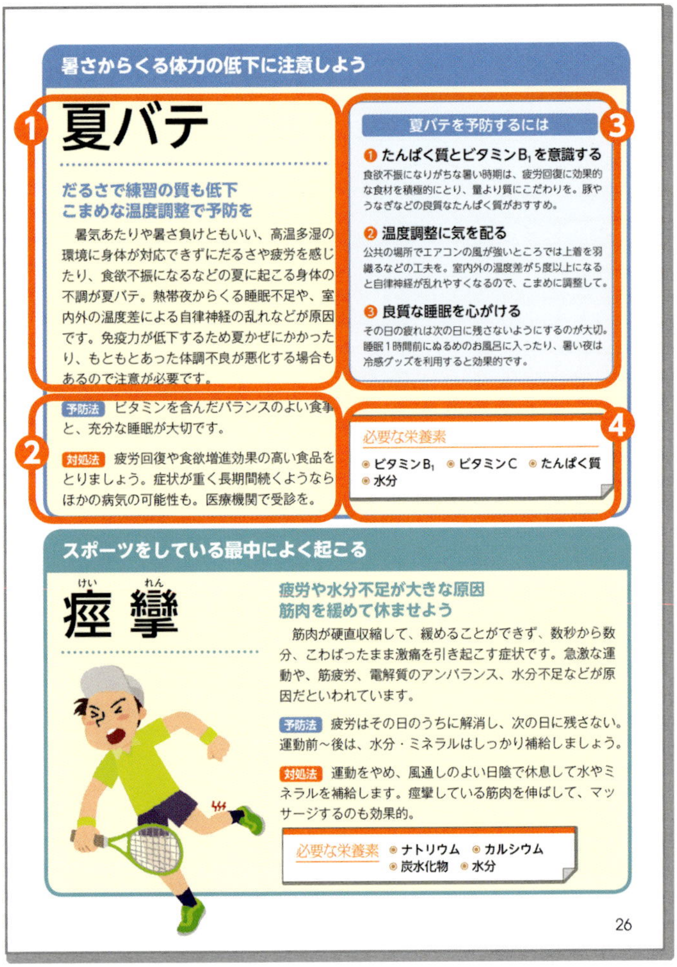

暑さからくる体力の低下に注意しよう

夏バテ

だるさで練習の質も低下
こまめな温度調整で予防を

暑気あたりや暑さ負けともいい、高温多湿の環境に身体が対応できずにだるさや疲労を感じたり、食欲不振になるなどの夏に起こる身体の不調が夏バテ。熱帯夜からくる睡眠不足や、室内外の温度差による自律神経の乱れなどが原因です。免疫力が低下するため夏かぜにかかったり、もともとあった体調不良が悪化する場合もあるので注意が必要です。

予防法 ビタミンを含んだバランスのよい食事と、充分な睡眠が大切です。

対処法 疲労回復や食欲増進効果の高い食品をとりましょう。症状が重く長期間続くようならほかの病気の可能性も。医療機関で受診を。

夏バテを予防するには

❶ たんぱく質とビタミンB_1を意識する
食欲不振になりがちな暑い時期は、疲労回復に効果的な食材を積極的にとり、量より質にこだわりを。豚やうなぎなどの良質なたんぱく質がおすすめ。

❷ 温度調整に気を配る
公共の場所でエアコンの風が強いところでは上着を羽織るなどの工夫を。室内外の温度差が5度以上になると自律神経が乱れやすくなるので、こまめに調整して。

❸ 良質な睡眠を心がける
その日の疲れは次の日に残さないようにするのが大切。睡眠1時間前にぬるめのお風呂に入ったり、暑い夜は冷感グッズを利用すると効果的です。

必要な栄養素
ビタミンB_1 ビタミンC たんぱく質 水分

スポーツをしている最中によく起こる

痙《けい》攣《れん》

疲労や水分不足が大きな原因
筋肉を緩めて休ませよう

筋肉が硬直収縮して、緩めることができず、数秒から数分、こわばったまま激痛を引き起こす症状です。急激な運動や、筋疲労、電解質のアンバランス、水分不足などが原因だといわれています。

予防法 疲労はその日のうちに解消し、次の日に残さない。運動前～後は、水分・ミネラルはしっかり補給しましょう。

対処法 運動をやめ、風通しのよい日陰で休息して水やミネラルを補給します。痙攣している筋肉を伸ばして、マッサージするのも効果的。

必要な栄養素 ナトリウム カルシウム 炭水化物 水分

26

レシピについて

❶カロリー

それぞれのレシピには、1人分のエネルギー量が表示されています。

❷one point

レシピで使った食材の栄養素をよりよく吸収するための調理のコツなどについて説明しています。

トマトミートライス

1 468 kcal

3 かぜ　夏バテ　疲労　ストレス　脱水・熱中症

材料(2人分)

ごはん2杯(280g)／たまねぎ50g／しょうが1片／みょうが4個／ミニトマト6個／レモン適宜／油小さじ2／豚ひき肉100g／塩、こしょう各少々／しょうゆ小さじ1／ケチャップ大さじ4／サラダ菜適宜

作り方

❶たまねぎとしょうがはみじん切り、みょうがは千切り、ミニトマトは半分に、レモンは輪切りにする。
❷フライパンに油を熱し、しょうがとひき肉、たまねぎを入れて強火でよく炒め、塩、こしょうをふる。
❸❷にトマトとみょうが、しょうゆ、ケチャップを加えてさらに火が通るまで炒める。
❹器にごはんを盛り❷をかけ、レモンとサラダ菜を飾る。

2 one point 試合の後など疲労感が強い時はしょうがの量を増やしたり、にんにくをプラスすることで、症状が和らぎます。

❸効果・効能アイコン

P30～49の「よくある症状の予防・回復食」については、レシピを食べることで期待できる効果・効能のうち、おもなものにそれぞれのアイコンがついています。

体脂肪ダウン
低カロリーで食物繊維などがとれます。

貧血
血液を構成する栄養素がとれます。

便秘・下痢
腸内の環境を整える栄養素がとれます。

かぜ
免疫力をアップする栄養素がとれます。

夏バテ
夏バテを予防・回復する栄養素がとれます。

疲労
身体を修復し、回復する栄養素がとれます。

ストレス
精神的な疲労を予防・回復する栄養素がとれます。

脱水・熱中症
暑い時期の体調を整える栄養素がとれます。

痙攣《けいれん》
足や腕などがつる症状を予防するための栄養素がとれます。

食欲不振
消化を促進し、食欲を促す栄養素がとれます。

食材の目安量

- アスパラガス1本＝25g
- 枝豆15房＝300g
- かぼちゃ1個＝1.6kg
- キャベツ1個＝1.2kg
- きゅうり1本＝100g
- ごぼう1本＝200g
- 小松菜1束＝300g
- じゃがいも1個＝100g
- セロリ1本＝100g
- 大根(中)1本＝1kg
- たまねぎ1個＝200g
- トマト(小)＝100g
- 長ねぎ1本＝150g
- なす1本＝100g
- にら1束＝100g
- にんじん1本＝200g
- パプリカ1個＝100g
- ピーマン1個＝50g
- ブロッコリー1株＝300g
- ほうれん草1把＝50g

この本の決まりごと

- 計量カップは1カップが200ml、計量スプーンは大さじ1が15ml、小さじ1が5mlです。
- 本書で使用している電子レンジの加熱時間は、600Wを基本としています。500Wの場合は1.2倍、700Wの場合は約0.85倍、800Wの場合は0.75倍してください。なお、電子レンジの機種によっても異なるので、様子を見ながら加熱してください。
- 材料に出てくる「だし汁」は、水1カップ(200ml)に対して、顆粒タイプの和風だし小さじ1/2を溶かしたものです。

はじめに

ケガをしない、身体に痛みがないということは、勝つための選手の基本であり理想です。

勝つため、ベストを出すために、日々のトレーニングや食事で身体を強化する選手の姿勢は尊敬に値するほどですが、残念ながら防ぎようがないケガが発生し、実際に全く身体に痛みがない選手というのは少ないのも事実です。選手がケガをして悔しさで泣く姿と、この痛みさえなかったら…という言葉を何度耳にしたことか。

こうした状況をもって、いつも、食事で力になりたいと思ってきました。早期に回復してまた勝負する、痛みがない当たり前のことが当たり前になるようにと、勝負で勝つというこだわりと同じくらい、ケガという言葉に敏感に反応するようになりました。

「ケガは強くなるためのチャンス」

「神様は乗り越えられる試練しか与えない」

そうとらえて、選手はケガ以外の部位も強化し強くなろうとしますが、治まらない痛みや先の見えないリハビリは、言葉でいうほど単純ではありません。

でも、越えた先に自分が目指すものがあるとするならば、乗り越えるしかないのです。ケガに意味があるのかと聞かれることもありますが、起こったことに後づけはいくらでもできるもの。あれこれ理由をつけて妥協するのは簡単で、何が正解かはわからないけれど、それを正解にするのだという自分の行動と想いで可能にすることが必ずあります。

ありきたりですが、現実に向き合い、結局は自分自身との闘いに気づき挑んだ選手は、ここぞという時にパワーを発揮し、そして選手として人としても大きくなるようにも思います。

ケガが多く、痛みとずっと闘っていた選手が「栄養を専属契約してから一度もケガをしなかった」と引退時にいってくれた感謝の言葉。痛みや違和感があるとドクターへの連絡並みのスピードで連絡をくれる選手。そしてこの原稿を書いている今も、食事で回復しようと毎日毎日必要なものをとり入れ、そうでないものを徹底的に排除し、最初はあまりやり過ぎるとストレスになるといっていたのが嘘のように、信頼し、行動し続けている選手もいます。

すべては自分の夢のため。

人間は食べたものでできているのですから、今、的確なものをとることが必ずケガや痛みの回復につながります。ケガをすると、時にはイラつき、毎日が前向きではない時もありますが、そんな気持ちも栄養で変えることはでき、変えさせてあげたいとも思います。

ケガをして本音で本気でアドバイスした選手との会話は、理論だけの決して一方通行のものではなく、私自身が選手から学び、気づき、そして励まされたことも多いようにも思います。本当にありがとうございます。

出会えたすべての選手、スタッフ、フロントの皆様、大泉書店様、スタジオポルト様、フードスタイリストの黒瀬様には本当に感謝しています。

私たちがつくりあげたものが、この本を開いたあなたにとって、ケガを予防し回復する、身体と心の力に少しでもなれば幸せです。

管理栄養士　川《かわ》端《ばた》理《り》香《か》

Chapter 1

スポーツ選手の栄養と食品の基礎知識

よいパフォーマンスのためには、トレーニングと同じくらい食事が大切。効率よく栄養を摂取するための基礎知識を身につけ、毎日の食事づくりに役立てましょう。この章では、ケガをした時に気をつけたいことや、栄養摂取量などについて解説します。

スポーツ選手が知っておきたい栄養素

5大栄養素は毎日とろう！

ケガを予防するだけでなく、健康な身体を維持するためには「たんぱく質」「脂質」「炭水化物（糖質）」「ビタミン」「ミネラル」の5大栄養素が欠かせません。私たちの身体を構成する約60兆個の細胞は毎日代謝を繰り返しています。成長したり修復したりするためには、細胞の材料となる栄養素を食事からしっかりとることが大切なのです。

「たんぱく質」は人の筋肉や骨、内臓、皮膚など身体をつくる栄養素で、複数のアミノ酸が結合して構成されています。細胞は日々古いものから新しいものに生まれ変わるため毎日とるべき栄養素です。

身体を動かすエネルギー源となるのは「脂質」と「糖質」です。脂質はマラソンなどの長時間の運動で使われるエネルギーで、体内に貯蔵できるのが特徴です。肥満の原因になるので、運動量の少ない時期はとり過ぎに注意しましょう。

「炭水化物」には人が消化できる「糖質」と消化できない「食物繊維」があります。「糖質」は短距離走など瞬発的な運動に使われ、脳を動かすエネルギーでもあります。体内に蓄えられる量が決まっているため、適切なタイミングでの補給を意識しましょう。カロリーが0の「食物繊維」は胃や腸で水分を吸収して膨らみ、腸の運動を活発にします。肥満予防のために、回復時・リハビリ時は積極的にとりたい栄養素です。

たんぱく質や炭水化物（糖質）、脂質の吸収をスムーズにする「ビタミン」「ミネラル」は、免疫力アップや貧血予防にも欠かせない栄養素です。

覚えておきたいキーワード

①必須アミノ酸

体内で合成できないので、食事から摂取しなければならないアミノ酸です。人の必須アミノ酸は、全部で9種類あります。

②脂溶性ビタミン

水に溶けにくく脂に溶けやすいビタミンの総称。ビタミンA、D、E、Kで油と一緒にとると吸収が高まります。

③抗酸化作用

細胞の老化や病気の原因となる活性酸素を除去する力のこと。色の濃い野菜などは抗酸化作用が高いです。

④必須脂肪酸

体内で合成できない、リノール酸、リノレン酸、アラキドン酸などで、身体の細胞膜やホルモンの材料になります。

筋肉や骨をつくり、身体を成長させる

たんぱく質

人の身体をつくる重要な栄養素、たんぱく質を構成するアミノ酸は約20種類で、そのうち必須アミノ酸(P8 ❶)は9種類あります。どれが欠けても筋肉や血液をつくることができない、すべての身体の組織に必要な栄養素なのです。また、運動で破壊された筋肉や血液、骨などの組織を修復する役割もあります。特にケガなどの回復時は、たんぱく質をとらないと回復につながりません。毎日の食事では、肉、魚、卵、乳製品などに含まれる動物性たんぱく質と、大豆に含まれる植物性たんぱく質をバランスよくとるようにします。**たんぱく質1gあたり=4kcal**

身体への働き

- 筋肉、血液、骨、内臓をつくる
- 髪、皮膚、爪をつくる
- 回復力・免疫力アップ

摂取したい時

- 身体を強化したい時
- 成長期
- 免疫力アップ
- 貧血予防・回復
- 肉離れ・骨折などのケガの回復
- 練習後30分以内の補給(＋糖質)での回復
- 練習時の間食

含まれる食品

肉

ハンバーグ

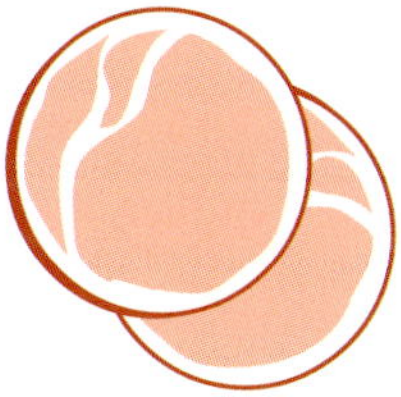

ハム

チキントマト煮

魚

魚の缶詰め

お刺身

焼き魚

卵

ゆで卵

目玉焼き

卵焼き

大豆

納豆

枝豆

豆腐

乳製品

ヨーグルト

牛乳

チーズ

体温を維持し、脂溶性ビタミンの吸収を助ける

脂質

40種類ほどの脂肪酸からなり、なかでも必須脂肪酸(P8❹)は体内でつくれないため、食品から適度にとる必要があります。中性脂肪は長距離走など持久力系の運動をする時のエネルギー源で、糖質に比べてエネルギー効率も高いのですが、とり過ぎると肥満の原因になるため回復期などは特に注意が必要です。

身体への働き

- 身体の材料になる(細胞膜、神経細胞、血液、ホルモン)
- エネルギー源になる(持久力)
- 記憶力を高める

摂取したい時

- 運動量が多い時

含まれる食品

- 油(植物油、オリーブオイル、ごま油など)
- 魚脂　◉肉脂
- ナッツ類

エネルギー源＆回復期の強い味方

炭水化物(糖質・食物繊維)

炭水化物は人が消化・吸収できる糖質と、消化できない食物繊維の総称です。糖質はすばやくエネルギーになるため、運動前に欠かせません。体内では肝臓や筋肉にグリコーゲンとして一定量が蓄えられます。脳を動かすエネルギーでもあり、不足すると判断力や集中力が低下します。食物繊維は、老廃物や脂など余計なものを体内から排出する効果が高く、便秘の予防や、食べ過ぎを防ぐ効果もあります。運動量の少ない時やストレスなどで空腹を感じやすい時期など、積極的にとりましょう。

糖質1gあたり=4kcal　食物繊維1gあたり=0kcal

身体への働き

◉糖質
　▶脳と身体のエネルギー源になる
◉食物繊維
　▶老廃物などを排出する、整腸作用

摂取したい時

糖質

◉持久力アップ　◉集中力アップ
◉疲労を感じた時　◉運動前後

食物繊維

◉運動量が少ない時
◉体脂肪を落としたい時

含まれる食品

ごはん

かぼちゃ

パン

スパゲッティ

とうもろこし

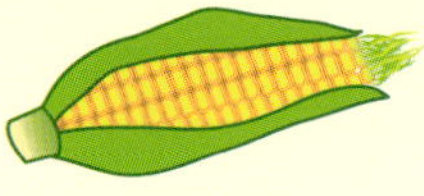

いも類

身体に欠かせない調整役

ビタミン

ビタミンは全部で13種類あり、水溶性と脂溶性(P8❷)に分かれます。水溶性にはビタミンB群・C、脂溶性にはビタミンA・D・E・Kがあります。ビタミンにはそれぞれ大切な働きがあり、体内でつくれないものもあるので、食品からまんべんなくとる必要があります。脂溶性ビタミンは油と一緒にとることで吸収が高まります。また、ビタミンは発汗でも失われるので、毎日こまめにとるようにしましょう。

	身体への働き	含まれる食品
ビタミンB_1	糖質をエネルギーに変える、成長促進	豚ヒレ肉、豚もも肉、豚ロース肉、うなぎ、きなこ 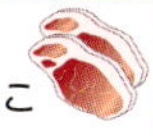
ビタミンB_2	糖質、脂質をエネルギーに変える、成長促進	レバー、さば、卵、牛ヒレ肉、さんま、牛乳 
ビタミンB_6	疲労回復、たんぱく質、脂質の代謝促進	かつお、さんま、まぐろ、かじき、レバー、バナナ 
ビタミンB_{12}	赤血球をつくる、食欲増進	豚肉、牛肉、レバー、かき、さんま、あさり 
ビタミンC	鉄の吸収促進、抗酸化作用	キャベツ、ブロッコリー、オレンジ、小松菜 
ビタミンA	病気予防、抗酸化作用、目の健康	豚肉、鶏レバー、うなぎ、にんじん、かぼちゃ 
ビタミンD	骨や歯をつくる、筋肉機能を高める	さけ、うなぎ、さんま 
ビタミンE	血行促進、抗酸化作用、疲労回復	うなぎ、アーモンド、かぼちゃ、たらこ 
ビタミンK	血液を固める、骨を強化する	納豆、キャベツ、にら、ブロッコリー、小松菜 

体内ではつくれないため、食品から摂取

ミネラル

ミネラルは全部で12種類ある天然成分で、身体の機能を正常に保つ働きをします。選手にとって重要なミネラルは、カルシウム、マグネシウム、鉄、ナトリウムなど。発汗など、運動することで消耗する栄養素なので、日々意識してとりましょう。吸収されづらいものも多く、組み合わせ次第で吸収をアップさせることができます。

	身体のへの働き	含まれる食品
鉄	酸素を供給する、免疫力を高める	豚・鶏レバー、ひじき、大豆、ほうれん草 
カルシウム	骨や歯をつくる、神経系の働きの調整	牛乳、チーズ、水菜、小松菜、ヨーグルト 
マグネシウム	骨をつくる、心臓や血管の働きの強化	大豆、豆乳、納豆、桜えび、ごま、ひじき 
ナトリウム	熱射病の予防、神経系と筋肉を正しく機能させる	しょうゆ、味噌、梅干し 
カリウム	老廃物を処理する	野菜、いも類、昆布、ひじき、果物 
亜鉛	傷の治癒を早める、成長促進	かき、ホタテ、豚レバー、たらこ、牛肉 

トラブルに強い身体をつくる

ケガ予防・回復の6品目献立

毎日3食すべてで6品目をしっかりとろう

ケガを予防する食事、ケガから早く回復する食事、どちらも5大栄養素を意識したバランスのよい献立づくりが大切です。バランスのよい献立とは、主食（ごはん、パン、麺類など）、主菜（肉、魚、卵料理など）、副菜（野菜、海藻など）、汁物（味噌汁、スープなど）、乳製品（牛乳、チーズ、ヨーグルトなど）、果物の6品目がそろった食事。すべての食事の基本形である6品目を意識することで、バランスのよい献立ができあがるのです。

毎日3食、朝・昼・夕に6品目献立を繰り返しとります。軽くすませがちな朝食ですが、ごはんやパンなどの糖質だけでなく、たんぱく質やビタミンなどもしっかりとることが重要。朝食で、糖質をとらないと身体も頭も働きが悪いまま練習や授業に参加することになり、ケガの原因にもなりかねません。しかし、糖質のみになるとバランスがくずれます。また、回復期は体重増加にならないように、3食ともに糖質のとり過ぎに注意します。

体調や目的に合わせてアレンジするのも大事

昼食のお弁当にも主食＋主菜＋副菜＋果物を意識して入れるようにし、インスタント味噌汁やパックの牛乳などで汁物と乳製品をプラスしましょう。

そのほかに注意したいのは、外食時のメニュー。外食は脂質や塩分を多めに使っていることが多く、ビタミンやミネラルは不足しがち。なるべくさけたいところですが、どうしても外食になってしまう場合、丼ものやオムライスなどのワンプレートメニューをさけて、品目の多い定食などを選びましょう。さらに食後に乳製品をとることでバランスがよくなります。

リハビリの筋トレがある日はたんぱく質を多めにする、回復時など運動量の少ない時は主菜を低脂肪にする、試合前は糖質を多めにするなど、体調や補強したい栄養素に合わせてメニューをアレンジしましょう。食事に目標をもたせると食べる意欲が増していきます。

3食で不足した栄養素を補うのが「間食」です。「おやつ」ではなく、練習前後に必要な栄養素をとるもの。身体の回復を早めるため、栄養素をすばやく補給します。

10代スポーツ選手の１日の献立例

朝食・昼食・夕食はどれも大切な役割があります。
ケガに負けない身体づくりは３食のバランスを意識することです。

朝食

通常時

１日のスタートは心身を動かす糖質を補給

朝食でまずとりたいのは糖質です。前日にとった糖質は睡眠中に使い果たしてしまいます。糖質は不足すると頭もよく働きません。ただし、糖質のみの食事にならないようにします。

回復期

とり過ぎに注意しながら、必要な栄養素をしっかりとる

糖分やエネルギーのとり過ぎに注意して、主食は控えめにします。野菜や海藻類などはビタミン・ミネラルが多く、低エネルギーの食材なので、どんどんとりましょう。

朝練後なら間食をとる

昼食

通常時

午後の練習に備えて充分なチャージを

弁当の場合は６品目を意識してとるようにします。弁当箱の大きさも大切です。練習量に合う量がとれる大きさのものを選びましょう。

回復期

お弁当はごはんの量に注意する

お弁当を持参する場合は、ごはんなどの糖質をとり過ぎないように、野菜や魚などを意識して入れましょう。

練習の前後に間食をとる

夕食

通常時

１日の疲れを回復し、筋肉をつくるメニューを

練習で消耗したエネルギーを補充する糖質、傷ついた筋肉を修復するためのたんぱく質、疲労回復を促進するビタミンを摂取します。消化吸収を考え、就寝２時間以上前までにすませましょう。

回復期

栄養を充分にとりながら低脂肪を心がけて

回復期にはたんぱく質を充分とることが必要ですが、体重増加を防ぐため脂肪のとり過ぎに注意しましょう。鶏むね肉、豚ヒレ肉、たら、かれい、豆類などがおすすめです。

ケガを予防するための献立　基本形６品目

６品目を意識することで、自然に理想の食事に近づきます。
ケガに負けない丈夫な身体のために、毎日きちんととりましょう。

❻ 果物

脳や筋肉の栄養を補給します。ビタミンなどコンディションに大切な栄養素も摂取。

必要な栄養素

糖質（炭水化物）、ビタミン、ミネラル

食 品

果物、果汁100%ジュース

❺ 乳製品

乳製品からとるカルシウムは、身体をつくるために必須の栄養素。毎日毎食必ず摂取しましょう。

必要な栄養素

カルシウム、たんぱく質

食 品

牛乳、ヨーグルト、チーズ

❸ 副菜

回復期よりも多くなるように、トマトやブロッコリーなどの野菜の量を増やしましょう。

必要な栄養素

ビタミン、ミネラル、食物繊維

食 品

いも類、野菜、海藻、きのこ類

❷ 主菜

筋肉や骨をつくり、たんぱく質を肉、魚、大豆、乳製品などから偏らずに、しっかりとれるよう2品にするのもOK。

必要な栄養素

たんぱく質

食 品

肉、魚、卵、大豆製品、乳製品

❶ 主食

脳と筋肉のエネルギーとなる糖質（炭水化物）をしっかり摂取。スタミナ＆集中力アップに欠かせない重要な品目です。

必要な栄養素

糖質（炭水化物）

食 品

ごはん、パン、麺類

❹ 汁物

水分、塩分の補給に必要。スポーツドリンクと同じ効果があるので、特に夏場は意識してとりましょう。

必要な栄養素

ビタミン、ミネラル、食物繊維、たんぱく質

食 品

いも類、野菜、海藻、きのこ類、卵、肉、魚、大豆製品

＋ 間食（補食）

１回の食事で❶～❻がすべてそろわない時や、エネルギー量が足りない時は練習前後の間食（補食）で栄養素を補います。

回復期の献立　基本形6品目

回復期の献立の基本は、予防の時と同じでバランスよく食べること。
運動量が減るため、カロリーのとり過ぎに注意します。

❶ 主食

スタミナ源である糖質(炭水化物)ですが、運動量の減る回復期はとり過ぎに注意します。

必要な栄養素

糖質(炭水化物)

食品

ごはん、パン、麺類

❷ 主菜

ケガの回復に必要なたんぱく質を積極的にとりましょう。ただし、脂質をおさえた食品や調理法を選びます。低脂肪を心がけて。

必要な栄養素

たんぱく質

食品

肉、魚、卵、大豆製品、乳製品

❸ 副菜

不足しがちなビタミン・ミネラルを補います。食物繊維の豊富な具材を積極的にとり、回復期の体重増加を防ぎます。

必要な栄養素

ビタミン、ミネラル、食物繊維

食品

いも類、野菜、海藻、きのこ類

❹ 汁物

リハビリ中も汁物からの水分補給はしっかりと。野菜を増やしてビタミンなどの補給をしましょう。

必要な栄養素

ビタミン、ミネラル、食物繊維、たんぱく質

食品

いも類、野菜、海藻、きのこ類、卵、肉、魚、大豆製品

❺ 乳製品

ヨーグルトはプレーンか、砂糖控えめのものを選びましょう。

必要な栄養素

カルシウム、たんぱく質

食品

牛乳、ヨーグルト、チーズ

❻ 果物

摂取量を少し控えます。バナナなど糖質が多いものより、柑橘類がおすすめです。

必要な栄養素

糖質(炭水化物)、ビタミン、ミネラル

食品

果物、果汁100%ジュース

ケガを予防・回復する生活サイクル

練習だけでなく食事と休養にも気を配る

「もっと上手くなりたい」と、毎日厳しい練習に取り組んでいる選手は多いはず。しかし、練習だけしても食事や休養がおろそかになれば、強い身体をつくることができません。疲労で身体が重くなり、ケガの原因になってしまうこともあるでしょう。毎日の「練習」と、良質な「食事」、充分な「休養」の3つのバランスが、プレーの上達とケガに負けない身体をつくるために必要なのです。

成長期の選手の身体をつくるのは栄養であり、バランスのよい栄養がとれるのは食事だけ。スポーツに必要なパワーと強い身体を手に入れるためには、まず「しっかり食べる」ことを心がけて。

強い選手になるための3大要素

選手として成長するために、
毎日の習慣になるようコントロールしましょう。

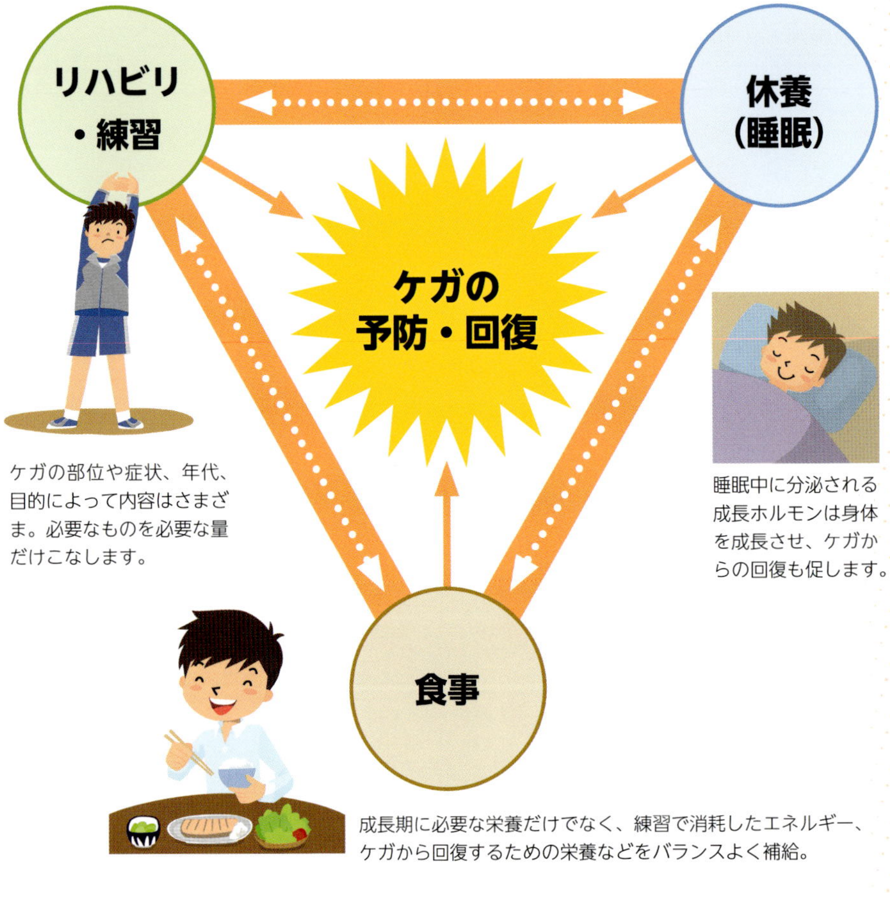

ケガの部位や症状、年代、目的によって内容はさまざま。必要なものを必要な量だけこなします。

睡眠中に分泌される成長ホルモンは身体を成長させ、ケガからの回復も促します。

成長期に必要な栄養だけでなく、練習で消耗したエネルギー、ケガから回復するための栄養などをバランスよく補給。

「何を」「なぜ食べるか」で食習慣を形成する

練習量が多くなれば、それだけ量を食べなければいけません。また、ケガをすれば、回復に必要な栄養素を積極的にとる必要があります。しかし、食事が重要だと理解できていないと、練習の疲労やリハビリのストレスから食欲がなくなった場合に「食べて回復しよう」という意識が働かなくなります。その結果、身体はどんどん破壊され、修復できずに疲労が蓄積し、パフォーマンスの低下や回復の遅れにつながります。

食事の大切さを理解するには「ごはんを丼2杯食べる」「牛乳を1日1ℓ飲む」といった大まかな基準だけでなく「なぜこのメニューを食べるのか」「どのタイミングでどんな栄養素をとればよいのか」という視点で考えるようにします。そうすれば、自分に足りない栄養素や食べるタイミングも見えるようになるでしょう。

ケガをしにくい強い身体をつくるためには、食事は朝・昼・夕の3食をできるだけ決まった時間にとり、3食でとりきれない栄養素を間食やドリンクで補うことです。

何よりも食事に対して意識をもち、食習慣を形成することは、今後生きていく上でも意味があります。何を食べるかという意識だけでなく、食べることが練習の一環だと意識して食べる習慣も身につけましょう。

休養（睡眠）は何よりも質が大事

身体の成長や強化のためには、休養＝睡眠もとても重要です。人の成長ホルモンがもっとも分泌されるのは午後10時〜午前2時。この時間帯は深い眠りであるノンレム睡眠（脳が活動を休め、身体の代謝が活発になる）に入り、全身を休めているのが理想です。たんぱく質やカルシウムを補給することで、成長ホルモンが練習やケガで傷ついた筋肉や骨を修復し、疲労を回復させ、より太い筋肉や骨への成長を促してくれるのです。充分な睡眠は、ケガの回復を助け、ケガをしにくい身体をつくります。

ただし、食後すぐに眠ると睡眠中に消化器官が働いている状態になってしまい、睡眠の質が低下します。就寝の2時間以上前には夕食をすませるように注意しましょう。

睡眠は大切ですが、ただたくさん眠ればよいというわけではありません。10代の男女に試した実験結果（文部科学省「2012年度体力・運動能力調査」）によると、6〜8時間未満の睡眠の場合は体力に差がありませんでした。しかし、8時間以上の睡眠の場合、体力がややおとるとの結果がでています。

『それぞれの年代や力量に合った練習やリハビリをし、練習量や身体の状態に応じた食事をとり、充分な睡眠をとる』

この3つの要素を毎日繰り返すと、身体が強化され、ケガから早く復帰できたり、練習量を増やしたりすることにつながるのです。

ケガをしたときに気をつけること

低迷の連鎖にならないためには

どんなに生活に気を配り、身体づくりをしていても、防げないケガはあります。短期間で治るという見通しがあるケガでも、それが大事な試合前というタイミングであればなかなか気持ちを切り替えるのは難しくなります。

その際に気をつけたいことは、ストレスからくる行動です。思うように動けないことから思わず過食してしまったり、普段は意識してとらないようにしているものを食べてしまい、それで自己嫌悪になってしまい、余計に食べるという行動に走ってしまう選手もいます。

また、早く治そうと焦る気持ちから、あれもこれもと食べ過ぎてしまい、その結果体重増加を招くことも。そうなってしまうと、たとえば腰や足首などのケガの場合は、体重が負担となってリハビリが思うように進まないなど、回復が遅れる原因にもなります。復帰しても余計な体重増加は、身体のキレを失うことにもなり、ケガの再発も引き起こしかねません。ケガをしやすい状態を繰り返す体質になってしまう「低迷の連鎖」はさけたいものです。

そのためにはまず、毎日体重を測る習慣をつけましょう。起床時、排尿後というように、毎日同じ条件のもと測定し、変動を見るようにします。

ケガの回復に必要な栄養素がとれる食事をすることはもちろん必要ですが、必要な量は、リハビリの量・強度によっても異なります。体重も考慮しながら、毎日の食事で食べる量をコントロールするとよいでしょう。

ケガをステップアップとしてとらえることが大切

ケガでメンタルも不安定になりますが、ケガをしたからこそできることもあります。リハビリ中に、ケガをした部位以外を鍛える、余計な体脂肪を落として身体をつくり直すなど、これまでできなかったトレーニングを行うことで、ケガから復帰した時に、前よりもパワーアップする選手もいます。ケガをしている時のリハビリ内容だけでなく、この時期の食事を含めた生活スタイルが、そのあとの選手生命にも大きく関与します。

また、適切なものを食べることで、ストレスが緩和され、心も元気になります。さらに、何を食べるとよいのかなど、栄養に関心をもつきっかけにもなります。

ケガをして飛躍する選手と低迷する選手の違い

回復期の過ごし方で、その後の選手生活は大きく変わってきます。
選手として成長できる大事な期間だと捉えましょう。

飛躍の連鎖

❶ケガ

ケガしても、自分の弱点を克服するチャンスだとプラスのイメージで考えます。

❷トレーニング

動かせる部分をトレーニング・ストレッチすることで身体の強化と弱点の補強に。

❸パフォーマンスアップ

身体が強化されて、試合に出てもブランクを感じさせないキレのある動きで大活躍。

低迷の連鎖

❶ケガ

ケガをしたら以前のようにに活躍できない、などマイナスの思考で気力がなくなってしまう。

❷太る

運動量が少ないのに早く治そうとするあまり、あるいはストレスで食べ過ぎて太ってしまう。

❸パフォーマンス低下

復帰しても身体が思うように動かず、活躍できない。ケガもしやすい状態に。

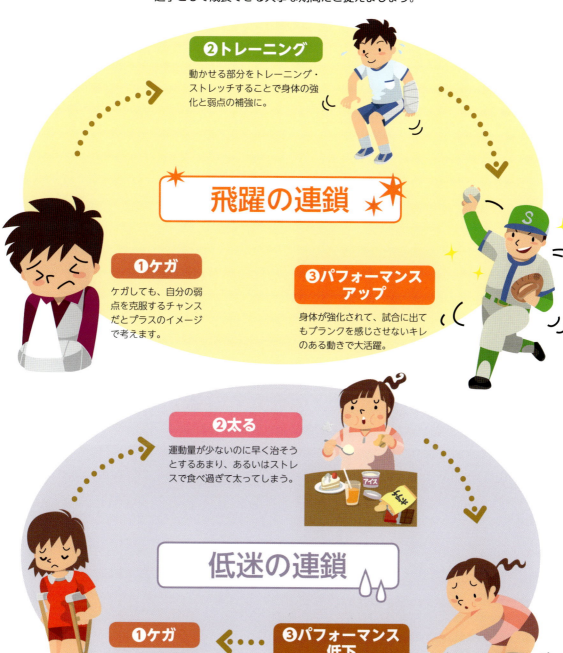

症状・年代によって変化する

ケガをしたときの栄養摂取

運動量や体格を考慮して必要な栄養素をとる

ケガの回復・リハビリ期は、特にエネルギーコントロールの注意が必要です。ただ食べる量を減らすのではなく、必要な栄養素はきちんととるように心がけましょう。特に10代は身体が成長する大切な時期です。たとえば女子の場合だと、骨が2年、血液は3か月で入れ替わります。こういった通常の身体活動と同時に、成長や、回復のための栄養素をしっかりとる必要があるのです。

世代別に心がけたいことは、小学生は脳や神経系が発達する時期。確実に栄養素をとるために好き嫌いなく食べることが理想で、この時期に嫌いな食品などは克服したいものです。3食バランスよくとるなどの正しい食習慣を身につけておくと、中学生以降のムダな買い食いなどを予防できます。

中学生は心臓や肺などの呼吸循環系が発達するため、持久力を高めるトレーニングが有効です。身長が伸びる時期でもあるので、運動量が少ないからとやみくもに量を減らすのではなく、骨格や筋肉をつくる栄養素はしっかりとりましょう。

高校生は筋肉が発達するので、ウエイトトレーニングが可能になります。リハビリなどでウエイトトレーニングする場合は、前後の栄養補給も身体づくりのポイントになります。

栄養摂取量を決める際に注意したいのは、体格やその日の運動量などによって変動があるということ。また、身長が伸びる時期などにも個人差があるので、毎日体重を計って量をチェックしましょう。

年代別の成長がわかる！

右のグラフは、スキャモン リチャード氏(1883-1952)によって発表された成長型です。リンパ系型は免疫に関わるリンパ節などの発達、神経系型は脳や運動神経の発達、一般型は身長や体重、呼吸循環系、肝臓や腎臓などの発達、生殖器系型は生殖器の発達を示しています。スポーツをする子どもの発育は、神経系型、一般型、生殖器系型の3つが重要になります。特に神経系型は12歳でほぼ100%になるので、この時期の食事がとても重要になります。

■スキャモンの発達・発育曲線

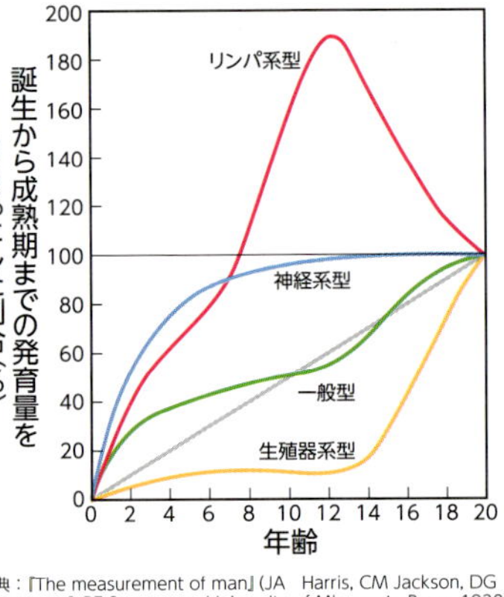

出典：「The measurement of man」(JA　Harris, CM Jackson, DG Patterson, & RE Scammon、University of Minnesota Press, 1930)

強い身体をつくる年齢別ポイント

ケガに負けない強い身体をつくるには、毎日の食事も重要なポイント。
成長に合わせて変化する注意点をチェックしましょう！

偏食しない食習慣をつくる

小学生（7～12歳）

神経系統の発育にはたんぱく質をはじめ、カルシウム、鉄、マグネシウム、亜鉛などが必要。カルシウムや鉄は身体に吸収されにくいため、不足しないよう意識して摂取しましょう。この時期、寝る前にコップ１杯の牛乳を飲むよう習慣づけます。

練習内容に必要な食事をとり入れはじめる

中学生（13～15歳）

糖質や鉄を多くとり、持久力をつけるトレーニングをします。鉄は身体への吸収率がとても低いため、貧血に悩む選手も。吸収を助けるビタミンCや、造血に関わるビタミンB_6、B_{12}、葉酸を一緒にとるとよいでしょう。

本格的な練習に合う食事をとり、さらに身体をつくる

高校生（16～18歳）

筋肉を太くするため、筋トレ前後にたんぱく質をたくさんとりましょう。成長ホルモンの分泌が最も活発な時期。大人と同等のエネルギーが必要な点に注意して、不足がないようにしっかり食べましょう。

ケガを予防・回復するための**必要摂取エネルギーの目安**

ケガを予防する身体づくりに必要なエネルギーと、回復時に必要なエネルギー(カッコ内)を確認しましょう。
ただし、これはあくまでも目安で個人差があります。

1日の食事摂取基準：推定エネルギー必要量(1日あたり)※

男性		女性
1750kcal(1550kcal)	6～7歳	1650kcal(1450kcal)
2100kcal(1850kcal)	8～9歳	1900kcal(1700kcal)
2500kcal(2250kcal)	10～11歳	2350kcal(2100kcal)
2900kcal(2600kcal)	12歳	2700kcal(2400kcal)

(　)内は回復時

1日の食事摂取基準：推定エネルギー必要量(1日あたり)※

男性		女性
2900kcal(2600kcal)	13～14歳	2700kcal(2400kcal)
3150kcal(2850kcal)	15歳	2550kcal(2300kcal)

(　)内は回復時

1日の食事摂取基準：推定エネルギー必要量(1日あたり)※

男性		女性
3150kcal(2850kcal)	16～17歳	2550kcal(2300kcal)
3050kcal(2650kcal)	18歳	2200kcal(1950kcal)

(　)内は回復時

※身体活動レベルⅢ(スポーツ習慣のある人)の場合の推定カロリー数です。スポーツ選手はⅢに分類されます。カッコ内は身体活動レベルⅡ(軽度のスポーツしかしていない人)の場合。必要カロリーは、個人の食べる量や運動量によって大きく変化します。(厚生労働省「日本人の食事摂取基準」2015年版参照)

Chapter 2

スポーツ選手によくある症状の予防・回復食

この章では、疲労やストレスなど、10代スポーツ選手に多く見られる症状をピックアップ。それぞれの予防法や対処法、症状別にとりたい栄養素について解説します。冷静な判断と対応が、早めの回復にもつながります。

小さなトラブルもきちんとケアしよう

10代スポーツ選手に よくある症状について知る

ここでは、毎日のトレーニングでよくある症状の予防や対処法について解説します。
かぜや貧血、夏バテなど、症状によって対処法も変わるのでしっかりチェック！

身体の大切なサインを見逃さない

疲 労

回復することが さらなる成長のチャンス

疲労とは、活性酸素により傷つけられた細胞が「パフォーマンスが低下している」と脳にシグナルを伝えている状態。痛み、発熱と並んで生体の３大アラームといわれ、身体が生命と健康を維持するうえで重要な信号のひとつです。

激しいトレーニングや試合が続いた場合なども疲労が完全に回復していないと、本来の力を発揮することはできません。回復とともに、その日に行った練習よりさらによいパフォーマンスができるよう、成長を促すことも大切です。回復しないままトレーニングをしても充分な成果が得られないばかりか、疲労が蓄積してパフォーマンスはさらに低下していきます。

予防法 **対処法** 疲労予防・回復するのに必要なのは適切な食事と休養。トレーニング終了後はできるだけ早く、バランスのよい食事をとりましょう。最低7時間の睡眠や、ストレッチなどの「積極的休養」をとることも心がけて。

疲労を回復するために有効なもの

- 睡眠
- 入浴
- マッサージ指圧
- ストレッチ　など

必要な栄養素

- たんぱく質
- 炭水化物
- ビタミンB_1
- クエン酸

血液は酸素と栄養素を運ぶ大事な組織

貧血

女子選手に多い症状
バランスのよい食事で予防しよう

貧血は、酸素を運ぶ血液中の赤血球が少なくなり、身体の組織が酸欠になっている状態をいいます。トレーニングによって赤血球が損失したり、生理がはじまった10代女子選手に多く見られる症状。貧血になると朝起きられなかったり、立ちくらみやめまいを起こしたりします。またスタミナがなくなり、軽い調整程度でも息切れするなど疲れやすくなるため、トレーニングに集中できなくなります。

予防法 **対処法**　鉄が不足しないように注意し、バランスのよい食事をとりましょう。鉄には、ヘム鉄と非ヘム鉄があります。ヘム鉄の方が非ヘム鉄に比べて5倍以上と吸収率に優れるため、貧血を自覚したら動物性食品をメインにとるようにしましょう。

ヘム鉄と非ヘム鉄

ヘム鉄
肉や魚などに含まれ、体内に吸収されやすい。多く含まれる食品は、豚レバー、鶏レバー、牛もも赤身肉、しじみ、あさり、かつおなど。

非ヘム鉄
野菜などに含まれ、体内に吸収されにくい。動物性たんぱく質やビタミンCと一緒にとると吸収率がアップ。多く含まれる食品は、ほうれん草や小松菜、ひじき、卵黄など。

必要な栄養素

- たんぱく質
- 鉄
- ビタミンB_{12}
- ビタミンC
- 葉酸

貧血を予防するには

❶ 栄養バランスのよい食事をとる
赤血球を効果的につくるには、鉄と一緒に葉酸やビタミンB_{12}も必要。偏食をせずバランスよく食べましょう。

❷ 良質のたんぱく質と鉄をとる
たんぱく質不足は赤血球をつくる能力を低下させてしまう原因。意識してとるようにしましょう。

❸ 食事はよくかんでゆっくり食べる
ゆっくり食べると胃酸が分泌され、鉄などの消化・吸収が高まります。早食いは過食にもつながるので注意。

❹ 少食・過食に注意
胃腸に負担がかかると、消化・吸収能力が低下する原因に。過度なダイエットは栄養不足にも。

❺ ストレスをためない
胃腸はストレスの影響を受けやすい器官。ストレス過多で食欲が低下したり、胃腸の調子が悪くなる場合も。

暑さからくる体力の低下に注意しよう

夏バテ

だるさで練習の質も低下
こまめな温度調整で予防を

暑気あたりや暑さ負けともいい、高温多湿の環境に身体が対応できずにだるさや疲労を感じる、食欲不振になるなどの夏に起こる身体の不調が夏バテ。熱帯夜からくる睡眠不足や、室内外の温度差による自律神経の乱れなどが原因です。免疫力が低下するため夏かぜにかかったり、もともとあった体調不良が悪化したりする場合もあるので注意が必要です。

予防法 ビタミンを含んだバランスのよい食事と、充分な睡眠が大切です。

対処法 疲労回復や食欲増進効果の高い食品をとりましょう。症状が重く長期間続くようなら、ほかの病気の可能性も。医療機関で受診を。

夏バテを予防するには

❶ たんぱく質とビタミンB_1を意識する
食欲不振になりがちな暑い時期は、疲労回復に効果的な食材を積極的にとり、量より質にこだわりを。豚やうなぎなどの良質なたんぱく質がおすすめ。

❷ 温度調整に気を配る
公共の場所でエアコンの風が強いところでは上着を羽織るなどの工夫を。室内外の温度差が5度以上になると自律神経が乱れやすくなるので、こまめに調整して。

❸ 良質な睡眠を心がける
その日の疲れは次の日に残さないようにするのが大切。睡眠1時間前にぬるめのお風呂に入ったり、暑い夜は冷感グッズを利用すると効果的です。

必要な栄養素
- ビタミンB_1
- ビタミンC
- たんぱく質
- 水分

スポーツをしている最中によく起こる

痙《けい》攣《れん》

疲労や水分不足が大きな原因
筋肉を緩めて休ませよう

筋肉が硬直収縮して、緩めることができず、数秒から数分、こわばったまま激痛を引き起こす症状です。急激な運動や、筋疲労、電解質のアンバランス、水分不足などが原因だといわれています。

予防法 疲労はその日のうちに解消し、次の日に残さない。運動前～後は、水分・ミネラルはしっかり補給しましょう。

対処法 運動をやめ、風通しのよい日陰で休息して水やミネラルを補給します。痙攣している筋肉を伸ばして、マッサージするのも効果的。

必要な栄養素
- ナトリウム
- カルシウム
- 炭水化物
- 水分

屋外での練習中は特に注意！

熱中症

真夏はもちろん 暑さに慣れていない時期も要注意

暑い環境で生じる健康障害の総称で、熱失神・熱けいれん・熱疲労・熱射病に分類されます(P131参照)。身体の中の熱と放熱のバランスがくずれることで起きる症状。夏の強い日差しの下で激しいトレーニングを行うスポーツ選手は特に注意が必要です。

予防法 風を通す服装で、直射日光はできるだけさけ、水分・ミネラルをしっかりとります。急に暑くなった時は、暑さに身体が慣れるまで様子をみて練習内容を調整しましょう。

対処法 めまいやふらつきなどの初期症状を自覚したら、すぐに風通しのよい日陰などで水分・ミネラルを補給、身体を冷やして休みます。意識障害が起きている場合、命に危険がある熱射病の可能性が。すぐに救急車の要請を。

熱中症チェックリスト

命の危険に関わる熱射病は早めの対処が必要です。
以下にひとつでもあてはまればすぐに医療機関へ。

- □ 意識がはっきりしない
- □ 自分で水分・ミネラルが摂取できない
- □ 休息しても症状がよくならない

必要な栄養素 ◉たんぱく質 ◉水分 ◉ナトリウム

季節を問わず油断禁物！

かぜ

悪化すると大変な疾患 規則正しい生活で予防を

かぜは飛沫《ひまつ》感染(直接感染)や、間接感染などが原因で起こる病気。鼻やのど、気管支などの粘膜表面から、鼻水やたんなどの水分が大量に分泌して炎症を起こした状態をいいます。発熱・頭痛・全身倦《ぜんしんけん》怠感《たいかん》などの症状を伴い、扁桃炎《へんとうえん》や肺炎を引き起こすこともあるので、早めの回復を心がけましょう。

予防法 外出やトレーニング後は手洗い、うがいの習慣をつけることが大切。空気が乾燥するとウイルスに感染しやすくなるため、ウイルスの増殖できない室温25℃・湿度60～80%に調整しましょう。

対処法 病院で受診し、栄養価の高い食事と充分な休息を。

必要な栄養素 ◉たんぱく質 ◉ビタミンC ◉ビタミンA ◉食物繊維

試合の緊張から起こることが多い

下《げ》痢《り》

多くは身体の防御反応
水分不足に注意を

便の水分量が多くなった状態をいい、腹痛を伴い便の回数も増える場合が多いです。下痢は冷えや食べ過ぎ、ストレスでも起こりますが、基本的にウイルスや病原菌など身体にとって悪いものを外に出す生理反応です。水分を奪われるため、こまめに水分補給を。3日以上続いたり、嘔《おう》吐《と》・発熱を伴う場合は医療機関で受診しましょう。

予防法 バランスのとれた食事と規則正しい生活を心がけて。

対処法 食事は消化のよいものを食べましょう。

下痢の原因

❶ かぜや体調不良からの消化不良

体力が落ちると腸の機能が低下します。体調が悪い場合は消化のよい食事をとりましょう。

❷ 食べ過ぎや偏った食事に注意

食事の量が多すぎたり、冷えたもの、油っこいものを食べ過ぎたりした場合、胃腸に負担がかかり下痢になる場合も。

❸ ストレスや冷え

胃腸はストレスに影響されやすい器官。また、冷えも下痢の原因です。トレーニング後にシャワーを浴びたらすぐに身体をふきましょう。

❹ 過《か》敏《びん》性《せい》腸《ちょう》症《しょう》候《こう》群《ぐん》

下痢が数週間続く場合は、ストレス性の疾患の可能性も。医療機関で受診しましょう。

❺ 病気の可能性

かぜ・インフルエンザや、ノロウイルスなどのウイルスによる感《かん》染《せん》性《しょう》胃《い》腸《ちょう》炎《えん》など。発熱や嘔吐を伴う場合は医療機関へ。

必要な栄養素
- 炭水化物
- 乳酸菌
- ナトリウム
- 水分

食生活の改善でしっかり予防

便秘

慢性化しやすい女性に多い症状
食物繊維をしっかりとる

毎日あるのが健康な状態の便通。3日以上なかったり、便が硬くて量が少なかったり、残《ざん》便《べん》感《かん》がある場合は便秘です。ホルモンの関係やストレスなどで男性より女性に多いといわれています。

予防法 食物繊維や水分を充分にとりましょう。乳酸菌などで善玉菌を増やし、腸内環境を整えて。

対処法 ヨーグルトなどの動物性に含まれる乳酸菌とともに、納豆やキムチなどの植物性乳酸菌も意識しましょう。

おもな便秘

❶ 便秘の種類

弛《し》緩《かん》性《せい》便《べん》秘《ぴ》 結腸でぜん動運動が充分に行われず、大腸内に便が長く留まって便秘になるタイプ。

痙《けい》攣《れん》性《せい》便《べん》秘《ぴ》 ぜん動運動が強くなり過ぎて、腸がけいれんを起こし、便がスムーズに送られなくなる状態。

直《ちょく》腸《ちょう》性《せい》便《べん》秘《ぴ》 排便のリズムが乱れて、便が直腸に達しても排便反射が起こらず、停滞してしまう状態。

❷ 月経前

女子選手は月経前になりやすいので、普段から予防するようにしましょう。

必要な栄養素
- 食物繊維
- 水分
- マグネシウム
- 乳酸菌

余計な重りを落としてパフォーマンスアップ

減量（体脂肪ダウン）

食事内容を管理してしっかりコントロール

柔道など体重制限がある種目だけでなく、余計な重り（体脂肪）は、身体のキレがなくなるだけでなく、リハビリ時は関節などの負担にもなります。減量の際も筋肉量を落とさず、体脂肪を落とすことが大切です。

対処法 筋肉の量を維持しながら脂肪だけを減らすには、たんぱく質の量はそのままで脂質を減らす食事が大切です。低カロリー食材を選び、脂質の多い油やマヨネーズなどは使わないように。

必要な栄養素 ◉ **たんぱく質** ◉ **食物繊維**

心と身体のバランスがうまくとれない

ストレス

デリケートな問題を解消して選手として飛躍を

トレーニングに対するストレスや、コーチやチームメイトとの人間関係、食事制限や減量など選手にかかるストレスは数多くあります。特に女子はナイーブでストレスに悩む選手が多いため、メンタル面でのケアが大事。食事制限にゆとりをもたせるなど、ストレス性の疾患《しっかん》にも注意しましょう。

対処法 抗ストレス効果があるビタミンCをしっかりとりましょう。適度なプレッシャーはよいパフォーマンスを引き出すため、選手として向上するのを助けます。ストレスとの上手なつきあい方を見つけて。

必要な栄養素
- ◉ ビタミンC
- ◉ ビタミンA
- ◉ ビタミンE

疲労
脱水・熱中症
βカロテン、ビタミンB_1コンビで疲労回復！

ビビンバ風丼

592 kcal

材料（2人分）

ごはん2杯（280g）／にんじん60g／もやし40g／ほうれん草100g／A［しょうゆ、酢各大さじ2／砂糖小さじ2／塩少々／しょうが、にんにく各適量］／ごま油小さじ2／豚ひき肉200g／いりごま大さじ2

作り方

❶にんじんは細切りにし、やわらかくなるまで塩（分量外）ゆでする。もやしは洗って根を切り、ほうれん草と一緒にさっとゆでる。
❷❶の水気をきり、Aとあえる（Aは少し残しておく）。ほうれん草は5cm長さに切ってからあえる。
❸フライパンにごま油を熱し、豚ひき肉を強火で炒め、余ったAで味を調える。
❹器にごはんを盛り、❷、❸をのせ、いりごまをかける。

one point　ほうれん草は鉄が豊富。さらに、にんじんのβカロチンが豚肉のビタミンB_1とともに活性酸素を抑制し、疲れを取り除きます。

桜えび丼

450 kcal

材料（2人分）

ごはん2杯（280g）／桜えび60g／油小さじ1／A［だし汁（和風だし）大さじ4／しょうゆ大さじ1と1/3／砂糖小さじ1］／B［しょうゆ大さじ1／塩少々］／ほうれん草60g／C［しょうゆ大さじ2／塩少々］／卵2個／かまぼこ（赤・薄切り）1/2本（80g）

作り方

❶フライパンに油を熱し、桜えびを色が変わるまで強火で炒める。
❷❶にAを加え、3分程強火で炒めたらボウルに取り出し、Bを加えてあえる。
❸ほうれん草はさっとゆで、食べやすい大きさに切り、Cを加えてあえる。
❹卵はスクランブルエッグにする。
❺器にごはんを盛り、❷、❸、❹の順にのせ、かまぼこを飾る。

one point　貧血が気になる場合はほうれん草の量を増やし、暑い時期は桜えびの量を増やすとミネラルアップになります。

脱水・熱中症
痙攣《けいれん》
ミネラル豊富な桜えびが、足の痙攣やつりを予防！

便秘・下痢
疲労
脱水・熱中症
痙攣《けいれん》
食欲不振
カルシウムとたんぱく質が豊富な
牛乳は身体の回復に◎

ミルクリゾット

583
kcal

材料（2人分）

ごはん2杯（280g）／鶏むね肉100g／ミックスベジタブル（冷凍）40g／牛乳2カップ／コンソメ小さじ1／塩少々（ソース用）／塩、こしょう（調味用）各少々／（あれば）ラディッシュ1個

作り方

❶ごはんは水洗いし、水気をきる。
❷鶏肉はひと口大に切る。
❸鍋に❷、ミックスベジタブル、牛乳、コンソメ、塩を入れ、中火にかける。
❹煮立ったら❶を加えて強火で5分程煮込み、塩、こしょうで味を調える。
❺器に盛り、輪切りにしたラディッシュを飾る。

one point 牛乳アレルギーの場合は、豆乳を使ってもたんぱく質の補給ができます。

トマトミートライス

468
kcal

材料（2人分）

ごはん2杯（280g）／たまねぎ50g／しょうが1片／みょうが4個／ミニトマト6個／レモン適宜／油小さじ2／豚ひき肉100g／塩、こしょう各少々／しょうゆ小さじ1／ケチャップ大さじ4／サラダ菜適宜

作り方

❶たまねぎとしょうがはみじん切り、みょうがは千切り、ミニトマトは半分に切り、レモンは輪切りにする。
❷フライパンに油を熱し、しょうがとひき肉、たまねぎを入れて強火でよく炒め、塩、こしょうをふる。
❸❷にみょうがとトマト、しょうゆ、ケチャップを加えてさらに火が通るまで炒める。
❹器にごはんを盛って❸をかけ、レモンとサラダ菜を飾る。

one point 試合の後など疲労感が強い時はしょうがの量を増やしたり、にんにくを加えたりすることで、症状が和らぎます。

かぜ
夏バテ
疲労
ストレス
脱水・熱中症
豚肉とトマトが
疲労回復にぴったり！

スープスパゲッティ 373 kcal

材料(2人分)

スパゲッティ 100g／ほうれん草100g／枝豆(冷凍) 40g／水1カップ／牛乳2カップ／コンソメ小さじ2／粒コーン(缶詰) 40g／塩、こしょう各少々

作り方

❶スパゲッティは表示時間通りにゆでる。
❷ほうれん草はゆでて3cm長さに切る。枝豆は解凍してさやから出す。
❸鍋に水と牛乳、コンソメを入れて弱火で煮る。
❹沸騰したら❶と枝豆、コーンを加え、塩、こしょうで味を調える。最後にほうれん草を加え、ひと煮立ちさせる。

one point スープタイプは普通のメニューより満足感アップ。体脂肪が気になる人にもおすすめ！

便秘・下痢
脱水・熱中症
痙攣《けいれん》
食欲不振
少なめの量でも満足できる
スープタイプのスパゲッティ

貧血
夏バテ
疲労
ストレス
脱水・熱中症
長ねぎは緑の部分にビタミンCが豊富！
鉄の吸収を高める

あさりと緑野菜のパスタ 369 kcal

材料(2人分)

スパゲッティ 160g／あさり(殻つき) 200g／チンゲン菜60g／長ねぎ20g／にんにく1片／唐辛子(小口切り)適宜／油小さじ1／酒大さじ1／鶏ガラスープ2カップ／塩、こしょう各少々

作り方

❶あさりは塩水(100mlの水に対して塩3g)に2〜3時間浸して砂抜きする。
❷スパゲッティは表示時間通りにゆでる。
❸チンゲン菜と長ねぎは食べやすい大きさに、にんにくはみじん切りにする。
❹フライパンに油を熱し、にんにくと唐辛子を強火で炒めたら、❶と酒、鶏ガラスープを加えてフタをし、時々フライパンをゆすりながら、あさりの口が開くまで火にかける。
❺さらにチンゲン菜と長ねぎを加えてさっと炒めたら、❷を加える。

one point 唐辛子は食欲増進作用などがありますが、苦手な場合は分量を調整してください。

いかレモンパスタ

478 kcal

材料（2人分）

スパゲッティ160g／いか200g／アスパラガス100g／セロリ40g／にんにく1片／オリーブオイル小さじ1／酒大さじ4／塩、粒こしょう各少々／コンソメ小さじ1／唐辛子（小口切り）適宜／レモン1個

作り方

❶スパゲッティは表示時間通りにゆでる。
❷いか、アスパラガス、セロリは食べやすい大きさに、にんにくはみじん切りにする。
❸フライパンにオリーブオイルを熱し、にんにくといかを強火で炒めて火が通ったら、アスパラガスとセロリを加える。
❹酒、塩、粒こしょう、コンソメ、唐辛子を加えてさらに炒めたら、❶を加えてレモンを絞り、よく混ぜる。

one point　アミノ酸を含むアスパラやいかは、夏バテ予防に最適です。暑い季節は、レモンをたっぷり絞って食べるのがおすすめ！

貧血
夏バテ
疲労
ストレス
脱水・熱中症
レモンの酸味で食欲アップ！
さっぱり食べられる！

体脂肪ダウン
便秘・下痢
夏バテ
疲労
体脂肪が気になる時は
きのこを多めに！

きのこビーフン

523 kcal

材料（2人分）

ビーフン200g／ぶなしめじ30g／えのきだけ20g／豚ロース肉50g／にら30g／油小さじ1/2／塩、こしょう各少々／中華だし小さじ1/2／しょうゆ小さじ1/4／ごま油小さじ1/4

作り方

❶ビーフンは表示時間通りにゆでる。
❷しめじとえのきは石づきを取って、食べやすい大きさに切る。豚肉とにらも食べやすい大きさに切る。
❸フライパンに油を熱し、しめじ、えのき、豚肉、❶を入れて強火で炒め、塩とこしょう、中華だしを加える。
❹❸ににらを加えてさっと炒めたら、しょうゆとごま油を加えて火を止める。

one point　米100％のビーフンは太りにくい炭水化物のひとつ。きのこと一緒にとることで、体脂肪ダウンにつながります。

貧血
かぜ
夏バテ
疲労
貧血予防や体脂肪が
気になる時は、胚芽パンで代用！

ほうれん草と卵サラダトースト

375 kcal

材料(2人分)

食パン(6枚切り)2枚／卵2個／A[マヨネーズ大さじ2／塩、こしょう各少々]／バター小さじ2／アスパラガス2本(60g)／ほうれん草100g／パセリ少々／かいわれ大根20g

作り方

❶鍋に卵が浸かる程度の水を入れて火にかけ、好みの硬さのゆで卵をつくり、みじん切りにして、Aを加えてよく混ぜる。
❷食パンにバターを塗って焼き色がつく程度に両面焼く。
❸アスパラガスとほうれん草は食べやすい大きさに切り、さっと炒める。
❹❷にアスパラガスとほうれん草、❶、みじん切りにしたパセリ、かいわれをのせる。

one point エネルギー源となるパンには、ミネラルなどが多いものをトッピングして栄養バランスをとりましょう。緑黄色野菜がおすすめ！

きなこ水きりロール・ソーセージロール

518 kcal

材料(2人分)

ロールパン4個／無糖プレーンヨーグルト200g／きなこ大さじ6／すりごま大さじ2／ソーセージ4本／レタス2枚／ミニトマト2個

作り方

❶ボウルの上に置いたざるに、キッチンペーパーを3枚重ねてヨーグルトをのせ、ラップをして冷蔵庫で一晩置いたら水気をきる。
❷ロールパンに切り込みを入れる。
❸きなこ、すりごま、❶をよく混ぜる。
❹ソーセージはさっと炒め、レタスとミニトマトは食べやすい大きさに切る。
❺ロールパンに❸と❹をそれぞれはさむ。

one point 水きりした時に出るヨーグルトの水は栄養価が高いので、ドリンクなどに混ぜて一緒に飲むようにしましょう。

貧血
便秘・下痢
夏バテ
疲労
水きりヨーグルトの
チーズのような食感を楽しんで！

肉団子入り煮込みうどん

604 kcal

体調が悪い時は
よく煮込んで食べよう！

材料（2人分）

うどん2玉（280g）／たまねぎ40g（肉団子用）／たまねぎ40g（具材用）／にんじん20g／しいたけ2枚／ほうれん草40g／白菜100g／豚ひき肉100g／A［塩少々／しょうゆ、片栗粉各適量］／だし汁［水4カップ／和風だし小さじ2］／B［しょうゆ適量／塩少々］／卵2個

作り方

1. 肉団子用のたまねぎはすりおろす。具材用のたまねぎは薄切りに、にんじんとしいたけは細切りに、ほうれん草、白菜は食べやすい大きさに切る。
2. ボウルに、豚ひき肉とおろしたまねぎ、Aを入れてよく混ぜ、肉団子をつくる。
3. 鍋にだし汁を入れ、たまねぎ、にんじん、しいたけ、白菜、肉団子を加えて中火にかけ、煮立ったらBを入れ、うどんを加えて煮込む。
4. ❸にほうれん草を加え、卵を割り入れる。

one point　かぜをひいた時におすすめのメニュー。うどんだけでなく、卵など消化のよい食材をプラスすることで、栄養価が高くなります。

白ごま納豆そば

549 kcal

酢の酸味で食欲アップ！

材料（2人分）

そば2玉（280g）／納豆2パック／みつば20g／めんつゆ大さじ4／酢小さじ2／キムチ60g／すりごま大さじ2／やきのり少々

作り方

1. そばは表示時間通りにゆでる。
2. 納豆はかき混ぜておく。みつばは3cm程度の長さに切る。
3. めんつゆを既定量で薄め、酢を加えてつゆをつくる。
4. 器にそばを盛り、納豆とみつば、キムチをのせたら、めんつゆをかける。
5. すりごまとやきのりをのせる。

one point　キムチは賞味期限ぎりぎりのものを使うほうが発酵しているので、栄養価が高くなります。具材をよく混ぜてから食べましょう。

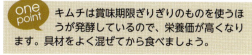

フライものをつくるなら

ごま揚げ

381 kcal

材料（2人分）

豚ヒレ肉200g／おろしにんにく少々／しょうゆ大さじ4／いりごま（白・黒）各大さじ4／小麦粉、溶き卵各適量／揚げ油適量／サニーレタス2枚

作り方

❶豚肉は食べやすい大きさに切る。
❷ボウルににんにくとしょうゆを混ぜ合わせ、❶を浸けて15分以上おく。
❸白、黒のいりごまは混ぜ合わせる。
❹❷の豚肉に小麦粉、溶き卵、いりごまの順で衣をつけ、約180℃の油でカラッと揚げる。
❺器にレタスを敷き、❹を盛りつける。

one point　パン粉ではなくごまを使うフライの調理法は、覚えておくと便利です。

豚のキムチチーズ巻き

455 kcal

材料（2人分）

豚ロース薄切り肉200g／白菜キムチ60g／スライスチーズ6枚／油適量／レタス2枚／パセリ適宜

作り方

❶豚肉を広げて置き、6等分したキムチとチーズをのせて丸める。
❷フライパンに油を熱し、❶を中火で均等に火が通るように転がしながら焼く。
❸器にレタスを敷いて❷を盛り、パセリを添える。

one point　キムチに含まれるクエン酸には、疲れのもととなる乳酸を分解させる働きがあります。

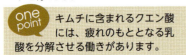

キムチのクエン酸で
運動の疲れをなくそう！

便秘・下痢　疲労　痙攣《けいれん》　食欲不振

チキンクリーム煮

484
kcal

鶏肉＋牛乳のコンビが
たんぱく質・カルシウムを強化！

材料（2人分）

鶏もも肉240g／にんじん40g／たまねぎ200g／グリンピース40g／油小さじ1／A［牛乳2カップ／水1/2カップ／バター小さじ2／コンソメ小さじ2／塩、こしょう各少々］

作り方

❶鶏肉、にんじんは食べやすい大きさに切る。たまねぎは薄切りにする。
❷鍋に油を熱し、鶏肉とたまねぎを強火でさっと炒める。にんじんとグリンピース、Aを加え、10分程煮込む。

one point
鶏肉をたっぷりの牛乳で調理することで、たんぱく質とカルシウムを一気に摂取。にんじん、グリンピースは抗酸化力もあります。

チキンときのこのトマト煮

255
kcal

貧血　かぜ　夏バテ　疲労　ストレス

材料（2人分）

鶏もも肉200g／しいたけ2枚（30g）／マッシュルーム4個／にんにく1片／ミニトマト6個／油小さじ1／トマト缶（ホール）200g／コンソメ小さじ1／塩、こしょう各少々／パセリ2g

作り方

❶鶏肉は食べやすい大きさに切る。しいたけ、マッシュルームは石づきを取って食べやすい大きさに、にんにくはみじん切り、ミニトマトは半分に切る。
❷フライパンに油を熱し、にんにくと鶏肉を火が通るまで強火で炒める。
❸しいたけ、マッシュルーム、ミニトマトを加えてさらに強火で炒めたら、トマト缶とコンソメを加えて10分程度煮る。塩、こしょうで味を調える。
❹器に盛り、みじん切りにしたパセリを散らす。

one point
体脂肪が気になる人は、きのこの量を増やしたり、鶏もも肉をむね肉にするなど調理にひと工夫しましょう。

トマトたっぷりなので
サラダの役割も！

体脂肪ダウン
貧血
夏バテ
疲労
脱水・熱中症
黒酢はいつもの酢よりも
アミノ酸を豊富に含む！

ビーフとたまねぎのマリネ

321 kcal

材料（2人分）

牛かたまり肉200g／塩、こしょう各少々／にんにく1片／たまねぎ100g／パプリカ（赤）20g／ルッコラ60g／A［黒酢大さじ4／三温糖大さじ2／塩少々／亜麻仁油（またはオリーブオイル）大さじ1］

作り方

❶牛肉に、多めに塩とこしょうをふり、にんにくを全体にすりこむ。
❷フライパンで❶を中火～強火で全面焼いたら、アルミホイルで包んで30分以上おく。
❸たまねぎ、パプリカ、ルッコラは食べやすい大きさに、牛肉は薄切りにする。
❹Aを混ぜ合わせ、すべての材料と一緒にあえる。

one point パプリカは黄色のものよりも、赤のほうが抗酸化作用が高いです。疲労回復に効果のある一品です。

レバニラ

308 kcal

材料（2人分）

豚レバー150g／牛乳適量／A［塩、こしょう各少々／にんにく（すりおろし）2片分／酒大さじ1］／にら100g／にんじん60g／片栗粉少々／油適量／もやし40g／B［しょうゆ小さじ2／オイスターソース大さじ2／酒大さじ1］

作り方

❶レバーはよく水洗いし、15分程度牛乳に浸しておく。その後、水気を軽くきってからAに15分程浸ける。
❷にらは5cm長さに、にんじんは短冊切りにする。
❸❶のレバーに片栗粉をまぶして、油を熱したフライパンで全体に火が通るまで強火で炒める。
❹にらともやし、にんじんを加えてさらによく炒め、Bを加えて味を調える。

one point スタミナ切れは鉄不足が原因の場合も！レバーで補いましょう。

貧血
夏バテ
疲労
持久力アップに欠かせない
鉄がたっぷり！

いわしの梅しそ巻き

382 kcal

材料（2人分）

いわし3尾／酒大さじ3／みりん大さじ3/2／梅干し3個／大葉3枚／塩、こしょう各少々

作り方

❶いわしは開き、酒とみりんに10分程つける。
❷梅干しは種をとる。
❸❶の水気をきって塩、こしょうをふり、❷と大葉を巻き、焼き色がつくまで中火で焼く。

one point いわし嫌いは魚の臭みも原因のひとつです。食材はなるべく新鮮なものを選ぶようにし、しっかり洗ってから調理すると臭みが消えます。

体脂肪ダウン
貧血
疲労
ストレス
脱水・熱中症
魚は巻くなどして、
食べやすくするのがコツ！

体脂肪ダウン
疲労
ストレス
食欲不振
集中力を高める青魚を
薬味たっぷりのタレで食べる

焼きさばのねぎダレかけ

244 kcal

材料（2人分）

さば200g／しょうが、にんにく各1片／長ねぎ20g／A［しょうゆ、酢各小さじ2／砂糖、ごま油各小さじ1］／パセリ適宜

作り方

❶しょうが、にんにく、長ねぎはみじん切りにする。
❷ボウルにAと❶を入れ、よく混ぜ合わせる。
❸フッ素樹脂加工のフライパンでさばを両面に火が通るまで中火で焼く。
❹器に❸を盛り、❷をかけ、パセリを添える。

one point にんにくやしょうがは、食欲がない時や体調不良時にとり入れたいもの。ねぎダレはどんな主菜にも合うので常備しておきましょう。

あじの香味野菜

327 kcal

材料(2人分)

あじ4尾/しょうが1片/みょうが2個/きゅうり1本(120g)/パクチー20g/酒50ml/水400ml/A[しょうゆ大さじ2/酢大さじ2/ごま油大さじ1/2]

作り方

❶あじは3枚おろしにする。しょうが、みょうが、きゅうりは千切り、パクチーは食べやすい大きさに切る。
❷鍋に酒と水を入れて、沸騰したらあじを加えて火が通るまでゆでる。
❸ボウルに❷としょうが、みょうが、きゅうり、パクチー、Aを加えてよく混ぜる。

one point 魚の3枚おろしが苦手な人は、購入する際におろしてもらうとよいでしょう。酢が入っているので、疲労回復に効果があります。

体脂肪ダウン
貧血
疲労
脱水・熱中症
香味野菜をたっぷり加えて食欲アップに!

体脂肪ダウン
貧血
夏バテ
疲労
脱水・熱中症
食べにくい貝類も、鍋なら簡単に摂取できる!

スンドゥブチゲ

239 kcal

材料(2人分)

A[水300ml/だし小さじ1/塩少々/唐辛子1本/味噌小さじ1/甜麺醤小さじ1]/えのきだけ20g/木綿豆腐100g/長ねぎ60g/白菜60g/かき4個/あさり6個/卵2個/にら20g

作り方

❶鍋にAを入れてスープをつくる。
❷えのきは石づきをとって食べやすい大きさに切る。豆腐、長ねぎ、白菜も食べやすい大きさに切る。
❸❶にかき、豆腐、長ねぎ、白菜を入れ、弱火で煮込む。かきが煮えたらあさりを加える。
❹あさりの口があいたら、割りほぐした卵を流し入れる。
❺さらに、えのきとにらを加えて15分程煮込む。

one point あさりやかきが手に入らない場合は、高たんぱく低脂肪の白身魚やほかの貝類を代用してもかまいません。

豆類たっぷり・たんぱく質が豊富なヘルシーコロッケ

ビーンズコロッケ

495 kcal

材料（2人分）

枝豆むき身（ゆでたもの）60g／じゃがいも200g／大豆水煮40g／豚ひき肉80g／牛乳1/2カップ／塩、こしょう各少々／小麦粉、パン粉、揚げ油各適量／卵1個／（お好みでサラダ菜適量）

作り方

❶じゃがいもは皮をむき、水から10～15分程ゆで、熱いうちにマッシャーなどでつぶす。

❷ボウルに❶、枝豆、大豆、豚ひき肉、牛乳、塩、こしょうを入れ、粘り気が出るまで混ぜ合わせる。

❸❷を俵型に4個分成形し、小麦粉、溶き卵、パン粉の順で衣をつけて、約180℃の油で3分程カラッと揚げる。皿に盛り、サラダ菜を添える。

one point　コロッケは子どもたちの大好物！　具材に枝豆や大豆を使うことで、植物性たんぱく質やビタミンの摂取量を高めましょう。

長いもの麻婆風

362 kcal

材料（2人分）

長いも300g／たまねぎ1/2個（100g）／さやいんげん6本／豚ひき肉160g／油小さじ2／豆板醤大さじ2／塩、こしょう各少々／水溶き片栗粉適量

作り方

❶長いもとたまねぎは薄切りにする。さやいんげんは2cm長さに切る。

❷フライパンに油を熱し、たまねぎを色が変わるまで強火で炒める。

❸❷に長いもと豚肉を加えて火が通るまで炒め、豆板醤と塩、こしょうで味を調える。

❹❸にさやいんげんを加えてさらに炒め、水溶き片栗粉でとろみをつける。

one point　体脂肪が気になる人は、赤身のひき肉を使うことでカロリーダウンできます。とろみがついているので食べやすいです！

長いもは消化がよく、ビタミンCも豊富なのでかぜの予防・回復にも！

暑い時期に
食べやすい食材の組み合わせ！

アジアンサラダ

104 kcal

材料（2人分）

たまねぎ40g／ハーブ（バジル、ミントなど）少々／春雨20g／ピーナッツ10g／**A**［レモン汁大さじ2／ナンプラー大さじ2／はちみつ小さじ2／唐辛子（小口切り）少々］

作り方

❶たまねぎは薄切りに、ハーブは食べやすい大きさに切る。
❷春雨は表示時間通りにゆでる。
❸ボウルに❶、❷、ピーナッツを入れてよく混ぜる。
❹**A**を混ぜてタレをつくり、❸に加える。

one point　ナンプラーが苦手な場合は、市販のレモン入りドレッシングなどで代用してもかまいません。ナッツを加えることでミネラルが補給できます。

野菜のしょうがあえ

49 kcal

材料（2人分）

もやし60g／大根100g／しょうが適量／ほうれん草100g／しょうゆ大さじ4

作り方

❶もやしは洗う。大根は3cm長さの拍子木切りに、しょうがはみじん切りにする。
❷ほうれん草はさっとゆで、水気をきって3cm長さに切る。
❸もやしと大根もさっとゆでる。
❹ボウルに❷、❸、しょうが、しょうゆを入れてあえる。

one point　暑い日はしょうゆの量を少し増やしたり、すりごまを加えたりしてミネラルの補給をしましょう。

しょうがが全身の血行を促進させ、
吸収力をアップ

アボカドディップ

377
kcal
貧血
かぜ
ストレス
エネルギーがギュッと詰まった
ディップで体調万全に！

材料（2人分）

A［アボカド1/2個／レモン汁大さじ1／マヨネーズ大さじ2／わさび少々／塩、こしょう各少々］／パン2切れ（30g）／セロリ30g／にんじん30g

作り方

1. Aを混ぜ合わせてディップをつくる。
2. パン、セロリ、にんじんをつけて食べる。

one point どんな食材にも合うディップなので、ほかの野菜でアレンジすることも可能です。生野菜をたくさんとりたい時におすすめ！

大根とりんごのサラダ

127
kcal

体脂肪ダウン
便秘・下痢
かぜ
ストレス
大根とりんごの成分が
消化・吸収をサポート

材料（2人分）

大根240g／レーズン大さじ2／りんご1/2個／みょうが2個／A［オリーブオイル小さじ2／酢大さじ2／塩、こしょう各少々］

作り方

1. レーズンは細かく切る。大根とりんごはいちょう切りに、みょうがは薄切りにする。
2. ボウルに❶を入れ、Aを加えてあえる。

one point 大根とりんごは胃腸によい組み合わせなので、体調不良やお腹の調子が気になる時にとり入れるようにしましょう。

体脂肪ダウン
かぜ
ストレス
脱水・熱中症
食欲不振
きのこの食物繊維で
腸内細菌を増やそう！

パプリカときのこのバルサミコサラダ

66 kcal

材料(2人分)

パプリカ(赤・黄)各20g／まいたけ40g／ぶなしめじ50g／マッシュルーム50g／オリーブオイル(炒め用)少々／バルサミコ酢大さじ4／オリーブオイル(マリネ用)大さじ1/2／唐辛子(小口切り)少々

作り方

❶パプリカは角切りにする。まいたけとしめじ、マッシュルームは石づきを取って、食べやすい大きさに切る。

❷フライパンにオリーブオイルを熱し、❶を強火でさっと炒める。

❸フタのついた容器に、バルサミコ酢とオリーブオイルを入れてよく混ぜ、❷を加えて一晩浸ける。

one point　レタスやベビーリーフなどの野菜にかけて、ドレッシング代わりにすると栄養価がアップします。お好きなきのこでアレンジを！

わかめとかぶの含め煮

71 kcal

材料(2人分)

わかめ40g／かぶ2個／だし汁2カップ／みりん大さじ2／しょうゆ大さじ1／めんつゆ(3倍希釈)小さじ2

作り方

❶わかめは3cm程度の長さに、かぶは8等分に切る。

❷鍋にだし汁を入れ、かぶがやわらかくなるまで強火で煮る。

❸わかめを加え、残りの調味料を入れてさらに強火で5分程煮る。

one point　和食で不足しがちなカルシウムは、わかめを使って補給しましょう。同時に食物繊維やミネラルも補給できます。

体脂肪ダウン
便秘・下痢
ストレス
体脂肪が気になる時に
おすすめのメニュー

厚揚げの白あえ

178
kcal

ほうれん草で貧血予防！
野菜と大豆で栄養たっぷり

材料（2人分）

厚揚げ 120g／ほうれん草60g／まいたけ30g／にんじん20g／A［三温糖大さじ1／しょうゆ大さじ1／すりごま大さじ2］

作り方

①厚揚げは熱湯をかけて油を抜き、すりこぎですりつぶす。
②ほうれん草はさっとゆで、水気をきって2cm長さに切る。
③まいたけは石づきを取って細切りに、にんじんも細切りにする。
④❶に、❷、❸、Aを入れ、よくあえる。

オリーブマリネ

41
kcal

食物繊維が豊富な野菜で
アレンジもできる！

材料（2人分）

スタッフドオリーブ10個／きゅうり1本(120g)／セロリ40g／にんにく1片／レモン汁小さじ4／黒こしょう少々

作り方

①きゅうりとセロリ、にんにくは食べやすい大きさに切る。
②フタのついた容器にすべての材料を入れて、20分以上おく。

グリーンスプラウトサラダ

88
kcal

栄養価の高いスプラウトと
柑橘類の食材で疲労回復！

材料（2人分）

スプラウト5g／グレープフルーツ1/4個／おかわかめ10g／レモン汁大さじ1／ポン酢大さじ1/2／塩少々

作り方

①グレープフルーツは皮をむき、身を取り出す。
②すべての材料を混ぜ合わせる。

食材の栄養がたっぷり!　毎食とり入れましょう

汁物

貧血
かぜ
疲労
脱水・熱中症
痙攣《けいれん》
かぼちゃと小豆が
お腹の調子を整える

かぼちゃ小豆汁

188 kcal

材料（2人分）

かぼちゃ240g／小豆40g／水1カップ／三温糖小さじ2／塩少々

作り方

❶かぼちゃは食べやすい大きさに切る。
❷小豆を水（分量外）からゆでる。
❸すべての材料を鍋に入れてやわらかくなるまで弱火で煮る。

たらととろろ昆布の味噌汁

126 kcal

材料（2人分）

たら200g／酒小さじ2／だし汁2カップ／味噌24g／麩6個（6g）／長ねぎ20g／とろろ昆布10g

作り方

❶たらを食べやすい大きさに切り、酒をふる。
❷鍋にだし汁を入れて、沸騰したら❶を加え、たらがやわらかくなるまで煮る。
❸さらに味噌を溶かしたら麩と斜め細切りにした長ねぎを入れ、ひと煮立ちさせる。火を止めて器に盛り、とろろ昆布をのせる。

体脂肪ダウン
貧血
疲労
脱水・熱中症
痙攣《けいれん》
体脂肪が気になる時に
とりたい一品！

体脂肪ダウン
便秘・下痢
痙攣《けいれん》
ゴロゴロと入った根菜が
疲労や便秘を解消！

根菜汁

66 kcal

材料（2人分）

ごぼう40g／にんじん40g／大根40g／れんこん40g／だし汁2カップ／味噌30g

作り方

❶野菜を食べやすい大きさに切る。
❷鍋にだし汁と❶を入れて、材料がやわらかくなるまで弱火で煮る。
❸味噌を溶かす。

食物繊維とカルシウムが
同時にとれる！

ごぼうのポタージュ

56 kcal

材料（2人分）

ごぼう60g／だし汁2カップ／牛乳100ml／塩少々／パセリ1g

作り方

❶ミキサーにごぼう、だし汁、牛乳を入れる。
❷❶を鍋にうつして弱火にかけたら塩で味を調え、パセリを加える。

ガスパッチョ

80 kcal

材料（2人分）

トマト200g／たまねぎ100g／セロリ70g／にんにく1片／A［レモン汁、オリーブオイル各小さじ2／塩、こしょう各少々／タバスコ適量］／水適量

作り方

❶トマト、たまねぎ、セロリは粗みじん切りにする。
❷ミキサーに❶を入れ、にんにく、Aを加える。
❸好みの量の水を入れる。
❹具が粗い粒状になるまでミキサーをかける。
❺冷蔵庫で10分程冷やし、食べる直前に取り出す。

さっぱり食べられる

ヨーグルトサラダスープ

108 kcal

材料（2人分）

A［無糖プレーンヨーグルト240ml／にんにく1片／たまねぎ20g／塩、こしょう各少々／亜麻仁油小さじ1］／きゅうり40g／トマト20g／パセリ1g

作り方

❶ボウルにAを入れてよく混ぜる。
❷きゅうり、トマト、パセリをみじん切りにして合わせる。
❸器に❶を入れ、❷をのせる。

貧血
かぜ
ストレス
食欲不振
コーンスターチで
満足感のあるデザートに！

いちごのブラマンジェ

126 kcal

材料（2人分）

いちご10粒／A［コーンスターチ大さじ2弱／はちみつ大さじ2／豆乳150ml／バニラエッセンス少々］／ミント適宜

作り方

❶いちごを粗めにつぶす。
❷鍋にAを入れて弱火で煮て、とろみがでたら❶を加えてさっと混ぜ、火を止める。
❸❷を小さめの容器2個に分けて入れ、冷蔵庫で3時間以上冷やす。お好みでミントを飾る。

one point 季節のフルーツでアレンジもOK。フルーツによって甘味が異なるので、その際ははちみつの量を調整しましょう。

オートミールクッキー

391 kcal

材料（2人分）

オートミール40g／レーズン30g／卵1/2個／無塩バター40g／三温糖30g／小麦粉20g

作り方

❶フライパンでオートミールを乾煎りする。
❷レーズンは細かく刻む。
❸ボウルに卵を割り、バターと三温糖を加えてよく混ぜたら、小麦粉を入れる。
❹❸を8〜10枚、平らな円形に成形し、180℃に熱したオーブンで10分焼く。

one point 体脂肪が気になる時は、三温糖やバターを少し控えめにしてもよいでしょう。体重が増えないよう、食べ過ぎには注意。

貧血
便秘・下痢
夏バテ
疲労
オートミールとレーズンの食感で
腹持ちがアップ！

生のフルーツも少しアレンジすれば
かわいいデザートに

フルーツタピオカヨーグルト

280 kcal

材料（2人分）

タピオカ40g／いちご4粒／オレンジ1/2個／グレープフルーツ1/4個／無糖プレーンヨーグルト300g／レモン汁大さじ2／はちみつ大さじ2

作り方

❶タピオカを中火で20分間煮たら冷水で冷まし、水気をきる。
❷フルーツは食べやすい大きさに切る。
❸ヨーグルト、レモン汁、はちみつを混ぜたら、❶と❷を加える。

one point
ストレスを感じている時は、ビタミンCが豊富なキウイなどをプラスしてもよいでしょう。

ジンジャーミルクドリンク

160 kcal

材料（2人分）

しょうが小さじ1／はちみつ小さじ2／牛乳2カップ

作り方

❶しょうがはすりおろし、はちみつとよく混ぜる。
❷グラスに❶を入れたら、牛乳を少しずつ入れて溶かしていく。

one point
お腹の調子が悪い時は、温めてから飲みましょう。しょうがは身体を温める効果があるので、冬におすすめのドリンクです。

しょうがのピリ辛感が
くせになる！

不足した栄養を補おう

補食のとり方・外食のとり方①

選手の身体づくりやエネルギー補給には、「いつ」「何をとるか」が大切です。
1日3回の食事だけではとりきれない栄養素を効率的にとる補食を解説します。

上手に補食・外食をとり入れる

3食を意識するだけでなく、そこに必要な栄養素を含む補食をとり入れると、身体の回復は早まります。また、外食する際も、目的に合うものを上手に食べるようにしましょう。

補食の理想的なタイミング

食事以外に「補食」を1日数回とり入れます。
練習前や就寝前は胃腸の負担にならない消化のよいものを。

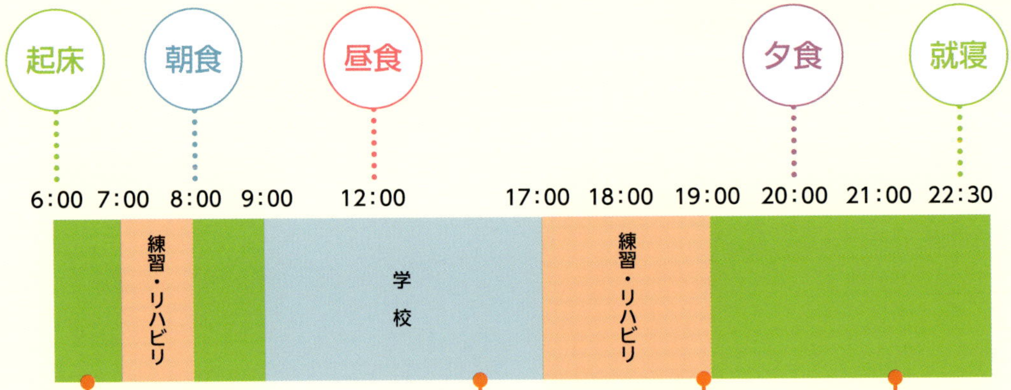

補食1 朝練習がある場合
果汁100％ジュースやヨーグルトなど軽めでOK。

補食2 練習前
練習時間が長く、夕食まで間が空く時は、練習の2時間前に補給。

補食3 練習後
終わってすぐ（30分以内）に補給する。

補食4 就寝2時間くらい前
運動量が多い時などは、このタイミングで軽めに補給。

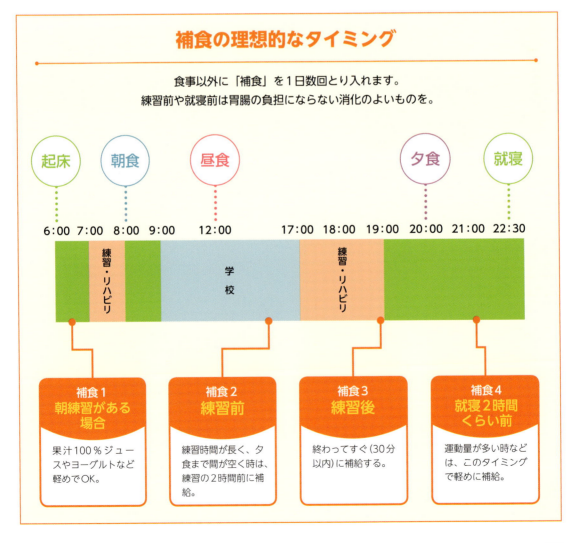

よくある症状を予防＆回復させるための おすすめ補食・外食メニュー

症　状	おすすめの食材
疲　労	豚肉料理、ハム、無糖ヨーグルト、 きなこ餅、枝豆、冷奴、100％フルーツジュース  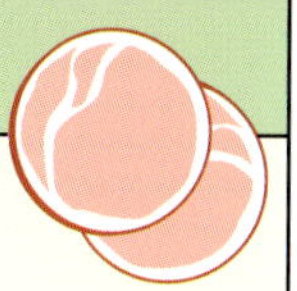
貧　血	レバー、あさり、さば缶詰、 ひじき、ほうれん草ごまあえ  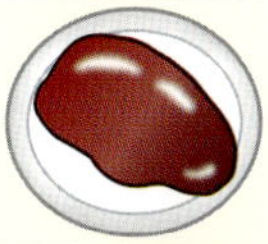
夏バテ	豚肉料理、柑橘類、ブロッコリー、トマト、 うなぎ、ミネラルウォーター（硬水） 
痙　攣	食塩、しょうゆ、梅干し、キムチ、乳製品、 100％フルーツジュース、スポーツドリンク 
熱中症	肉、魚介類、卵、乳製品、 大豆製品、汁物、スポーツドリンク  
か　ぜ	鍋（鶏肉、卵、野菜）、柑橘類、 かぼちゃサラダ、100％フルーツジュース 
下　痢	汁物、スポーツドリンク、 食塩、しょうゆ、油っぽくないもの 
便　秘	乳製品、納豆、さつまいも、ごぼう、きのこ、海藻、 こんにゃく、ミネラルウォーター（硬水）、豆類 
減量 （体脂肪ダウン）	海藻、こんにゃく、きのこ、 肉、魚介類、卵、大豆製品、乳製品  
ストレス	柑橘類、にんじん、かぼちゃ、 100％フルーツジュース、ナッツ、ごま  

column 1

身につけておきたいケガの予防法

体幹や下半身を鍛え ぐらつかない身体をつくる

スポーツ選手は身体のゆがみが引き金になりケガをするケースが少なくありません。弱い部分をかばうためにフォームが崩れてしまうのです。体の弱点をみつけ、バランスを整えるエクササイズで予防しましょう。「シングルシットダウン」は下半身の筋肉の左右バランスをチェックするもの。左右ともにスムーズにできるようになるまで、おしりとももの筋肉をトレーニングしましょう。「コアエクササイズ」はウォーミングアップにとり入れることでケガを予防することができます。

このエクササイズは、ケガをした後も次のケガを予防するために必要です。周辺の筋肉を強化したり、下半身や体幹を鍛えて土台づくりを行いましょう。

コアエクササイズ（初中級）

1 体幹を鍛えるエクササイズです。四つん這いになり、右手を前に伸ばします。次に左手を伸ばします。各5～10秒ずつ静止します。

2 右足と左足を交互にまっすぐ後ろに伸ばします。各5～10秒ずつ静止します。このとき、ぐらつかないように注意。

3 右手と左足を同時にまっすぐ5～10秒伸ばします。次に左手と右足を、同様に伸ばします。

シングルシットダウン

イスに座り、腰に手をあて、片足でゆっくり立ちあがります。左右各5回を2～3セット繰り返します。左右試して、痛みがあったりひざがぐらついたりすると注意が必要。弱い方を重点的にトレーニングを。

Chapter 3

筋肉の症状の予防・回復食

スポーツ選手にとって、筋肉痛、肉離れなどの症状は切っても切り離せないもの。それぞれの予防法と対処法をしっかり身につけると同時に、たんぱく質やマグネシウムなどの栄養素で補うことが大切です。

フォームや食事を見直して予防・回復を

10代スポーツ選手に多い 筋肉の症状

毎日激しいトレーニングをしていれば、筋肉に違和感を覚えることもあります。ここでは10代の選手に多い筋肉の症状を予防や対処法とあわせて解説します。

翌日以降に痛くなる

筋肉痛

筋肉の修復時と成長過程であらわれる痛み

筋肉痛は翌日以降に起こる、運動に伴う筋肉の痛みで、正式名称は「遅発性筋痛」といいます。運動によって傷ついた筋肉の繊維を修復しようとするときに起きる痛みだといわれています。トレーニングの結果、質のよい筋肉がつくられる過程の痛みでもあります。普段と違う筋肉を使うとその部位が筋肉痛になりやすいため、新しいトレーニングをした後はきちんとケアしましょう。

予防法 日頃から、まんべんなく筋肉を動かしておく習慣をつけましょう。トレーニング後はお風呂などでよく温めて、次の日に疲労を蓄積しないように。

治療法 筋肉痛の部位をストレッチしたり、軽く動かしたりして、血流をよくすることで解消できます。あとはしっかり休養し、バランスのよい食事を。筋肉を補修するたんぱく質やビタミンC、ビタミンEなども意識しましょう。

交《こう》代《たい》浴《よく》をとり入れよう！

筋肉痛を予防・治療するには、温めて血流をよくすることが効果的。なかでも、自宅で手軽にできる交代浴が効果も高く、おすすめです。入浴法は「熱めのお湯に３分浸かる→冷水シャワーを１分浴びる」を３セット程繰り返すだけ。

まずはアイシングして休息を

肉離れ（筋挫傷《きんざしょう》）

再発が多い症状 しっかり治してから復帰を

肉離れは、全力疾走やジャンプをした際に筋肉表面の筋膜や筋組織の一部が損傷するもの。筋肉が強く収縮しようとしている時や、引き延ばされた時に起こりやすい症状です。突然痛みを感じますが、軽度の場合はすぐに痛みが治まります。重度の場合は、激痛を感じ、自力での歩行は不可能に。回復までに1～2か月かかる場合もあります。

予防法 運動前は、十分なウォーミングアップを心がけましょう。運動中はこまめな水分・ミネラル補給を忘れずに。コンディション不良は肉離れの原因になるため、疲れは次の日に残さないようにケアします。バランスよく前後左右の筋肉を鍛えることも大切です。

対処法 痛みを感じたらすぐにRICE《ライス》処置（P82参照）を施し、その日は入浴を控えます。患部のストレッチやマッサージも行わず安静に。肉離れは、治る過程で患部にしこりができることがあります。これが残ったままだと、その周囲の柔軟性が失われ、再発の原因になります。リハビリをしっかりして、再発予防を心がけて。復帰は、ストレッチ痛の解消と筋肉の回復具合を見て、慎重に判断します。

肉離れのおもな症状

軽度	筋肉自体の損傷がないもの
中度	筋繊維のごく一部の損傷
重度	筋肉自体の部分断裂

肉離れが起こりやすい部位

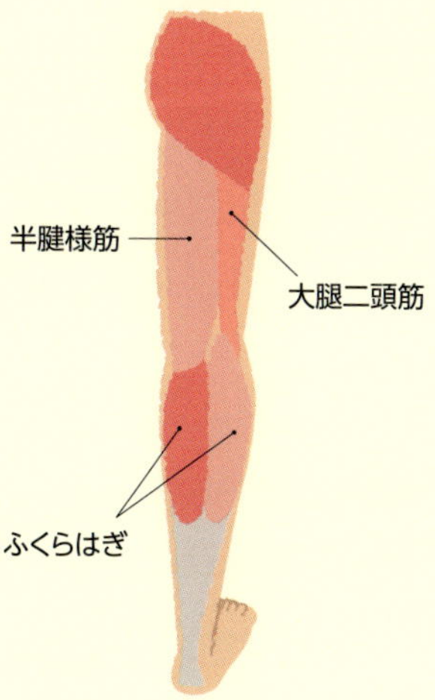

肉離れは、大腿四頭筋《だいたいしとうきん》、ハムストリングス（大腿二頭筋《だいたいにとうきん》・半腱様筋《はんけんようきん》・半膜様筋《はんまくようきん》）、下腿三頭筋《かたいさんとうきん》、ふくらはぎなど、脚の筋肉に発生しやすい。

筋肉の疲労からくる炎症

筋《きん》膜《まく》炎《えん》

過剰なトレーニングをさけ、疲れを次の日に残さない

繰り返しのキックやダッシュなど、トレーニングのし過ぎで起こる疲労性の筋肉の炎症が筋膜炎です。1日ごとにだんだん痛くなっていくのが特徴で、肉離れと違って負傷起点がはっきりしません。

陸上やサッカーなどのプレーで起こりやすい大腿部の筋膜炎の場合は、大腿四頭筋の一部分がしこりのように固くなり、押したときに痛みを感じます。多少痛みがあっても、ストレッチングで可動域がしっかり出ていれば、トレーニング自体は続けてもかまいません。

症状が進行した場合、筋肉の柔軟性が失われ、肉離れの原因になるので注意が必要です。

予防法 筋肉の酷使や疲労の蓄積が原因なので、過剰なトレーニングを控え、トレーニングによる疲労はその日のうちに解消するようにしましょう。水分不足で起こることも多いので、トレーニング前後や最中の水分補給も心がけて。

対処法 トレーニング後はアイシングやアイスマッサージをしっかりと行います。入浴後は、ストレッチなどで硬くなっている筋肉をほぐしましょう。ケアを続けても痛みがひかない場合は、医療機関を受診して。

アイスマッサージとは

アイスパックや、ビニール袋に氷水を入れて、少しずつ動かしながら患部を冷却＆マッサージする方法。広い範囲を短時間で冷やすことができ、リハビリのほか、疲労回復などにも効果的です。紙コップに入れた水を凍らせて、紙コップで直接マッサージする方法もあります。

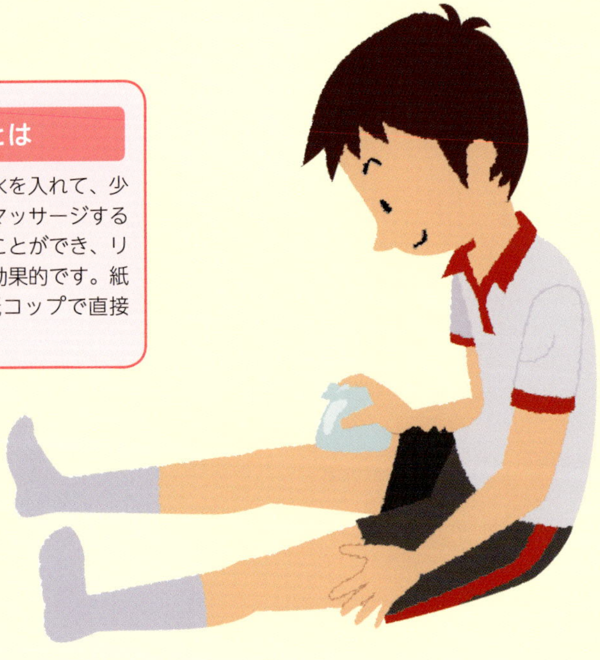

身体のミネラル不足が原因になることも

筋《きん》痙《けい》攣《れん》

突然起こる痛みとこわばり あわてず対処を

足の筋肉がとつぜん痙攣《けいれん》を起こし、筋肉が収縮したまま元に戻りにくくなる状態を筋痙攣、または「つる」といいます。多くの場合は強い痛みを伴います。

サッカーやテニスなど足を激しく使うトレーニング中に起こりやすく、筋肉疲労が原因のひとつとされています。またふくらはぎの筋肉が硬いことやミネラルが不足することでも起こります。

特に注意が必要なのは水泳中の筋痙攣です。足のつかないような深いプールで水泳中に症状が出たら、あわてずに近くの人に助けを求めましょう。体を浮かせて患部を伸ばし、安全な場所までゆっくり移動します。

筋痙攣のおもな原因

- 過度の発汗による体内のミネラル不足
- トレーニングのし過ぎが原因の筋肉疲労
- ウォーミングアップ不足

予防法 食後すぐのトレーニングは控え、トレーニング前や就寝前にストレッチをして、筋肉と腱の柔軟性を高めます。トレーニング前後や最中の水分・ミネラル補給を心がけて。日頃から干しえび・桜えび・ほうれん草や海藻類などミネラルを豊富に含んだ食品を充分にとりましょう。

対処法 痙攣を起こしている筋肉を伸ばすことで緩和できる場合が多いです。手で足や足指を上に引っ張るなど、伸ばすストレッチを試してみましょう。痛みが残る場合はRICE処置を(P82参照)。

水泳中の筋痙攣は大きな事故につながる場合も。浮き身でプールサイドやコースロープなどがあるところまで移動しましょう。

食材選びを意識して行うことが大切！

筋肉の症状を予防・回復させるのに必要な栄養素

強い筋肉をつくるには、トレーニングやストレッチも大切ですが、毎日の食事も重要。効果的な食材や栄養素を意識してとれば、パフォーマンスアップにもつながります。

たんぱく質とマグネシウムをバランスよく摂取しよう

筋肉の症状を予防・回復するためには、強い筋肉をつくり、修復するたんぱく質をとることが必須です。たんぱく質の合成を高めるビタミンB_6や吸収を高めるビタミンC、マグネシウムを合わせてとりましょう。

たんぱく質が豊富な肉・魚・卵・大豆・乳製品を、毎食必ず1品以上、毎日とるようにします。なかでもおすすめの食材は鶏肉で、たんぱく質の吸収が早く、ビタミンB_6も含まれています。

注意したいのがカロリーのとり過ぎ。特に回復期におけるリハビリは、通常のトレーニングより消費カロリーは低めです。高たんぱく低脂肪のメニューを意識しましょう。

必要な栄養素

- たんぱく質
- ビタミンB_6
- ビタミンC
- マグネシウム

筋肉の症状のためにとりたいたんぱく質

肉

グリルチキン

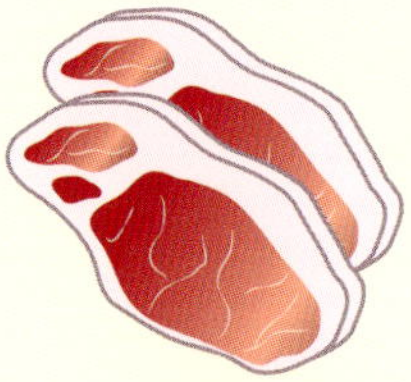

豚肉

魚

焼き魚

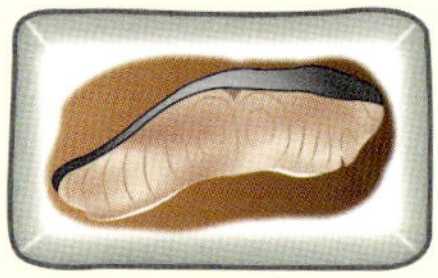

煮魚

卵

ゆで卵

目玉焼き

大豆

納豆

枝豆

乳製品

ヨーグルト

牛乳

リハビリ中でもできる！

ケガに負けない身体をつくるストレッチ

**ケガをした部分周囲の筋肉を鍛えることが、回復後のケガ予防につながります。
より高いパフォーマンスを目指して、強い身体を手に入れましょう！**

SLR（ストレートレッグエクササイズ）

リハビリ中は床の上でできる、体重をかけないトレーニングで体力を維持するのがおすすめです。動かせる部位は毎日３回ずつ行い、下半身の筋肉を落とさないようにしましょう。

前

足を伸ばして床に座り、ひざを伸ばしたまま片足ずつ10～30cm程上げ、5秒間静止を10回繰り返します。

うしろ

うつぶせになり、ひざを伸ばしたまま片足ずつ10～30cm程上げ、5秒間静止を10回繰り返します。

横（外側）

横向きになり、手で身体を支えながら、上側の足をひざを伸ばしたまま10～30cm程上げ、5秒間静止を10回繰り返します。

内側

横向きになり、上側の手で身体を支えながら、下側の足をひざを伸ばしたまま10～30cm程上げ、5秒間静止を10回繰り返します。

主食にも筋肉を強化する食材をとり入れよう！

鶏肉は肉類のなかでも
筋力UPに効果絶大！

親子丼

457 kcal

材料（2人分）

ごはん280g／鶏むね肉160g／たまねぎ100g／油適量／塩、こしょう各少々／しょうゆ大さじ2／和風だし小さじ2／卵2個／あさつき（小口切り）小さじ1

作り方

①鶏肉はひと口大に、たまねぎは薄切りにする。
②フライパンに油を熱し、❶を中火で炒めて塩、こしょうをする。
③❷に火が通ったらしょうゆ、和風だしで味をつけ、さらに炒める。
④割りほぐした卵を❸に回し入れて、半熟になったら取り出す。
⑤ごはんを器に盛り、❹をのせてあさつきを飾る。

one point 鶏肉も卵もたんぱく質が豊富な食材です。また、鶏肉のビタミンB_6がたんぱく質の吸収を助けます。

てまり寿司

544 kcal

材料（2人分）

ごはん400g／酢大さじ2／砂糖小さじ2／大葉6枚／まぐろ（刺身用切り身）60g／いか（刺身用切り身）60g／白身魚（はまちなど・刺身用切り身）120g／さけ（刺身用切り身）120g

作り方

①ごはんに酢、砂糖を加えて、しゃもじで切るように混ぜる。
②大葉は縦半分に切る。
③ラップに食べやすい量の刺身、大葉、ごはんの順にのせ、10～12個丸く握る。

one point 刺身などの生魚は、新鮮なものを選んで、傷まないうちに使用しましょう。

酵素たっぷりの生魚を
どんどん食べよう！

ガパオごはん

548 kcal

材料(2人分)

ごはん2杯(280g)／卵2個／たまねぎ1/4個／にんにく1片／しょうが1片／パプリカ(赤・黄)各1/4個(40g)／油小さじ2／牛ひき肉160g／唐辛子(輪切り)少々／しょうゆ小さじ1／塩、こしょう各少々／レタス2枚

作り方

❶目玉焼きを好みのかたさに焼く。
❷たまねぎ、にんにく、しょうがはみじん切りに、パプリカは角切りにする。
❸フライパンに油を熱し、たまねぎ、にんにく、しょうが、ひき肉を強火で炒めたら、さらにパプリカ、唐辛子を加えて全体に火が通るまで炒める。
❹❸にしょうゆ、塩、こしょうを加えて味を調える。
❺皿にレタスを敷いてごはんを盛り、❹と❶の目玉焼きをのせる。

one point エネルギー補給に偏りがちな主食は、たんぱく質の多いものをのせるとバランスがよくなります。肉と卵で筋肉を強化しましょう。

アミノ酸組成のよい卵をのせて
筋肉の回復をアップ！

肉と魚介のたんぱく質が
同時にとれる！

トムヤンクン丼

524 kcal

材料(2人分)

ごはん2杯(280g)／鶏もも肉60g／マッシュルーム40g／えび10尾／A［水200ml／鶏ガラスープの素1g／しょうが1片／酒大さじ1／ナンプラー大さじ4／レモン汁大さじ4／みりん大さじ1／豆板醤大さじ1／ごま油小さじ2／唐辛子(輪切り)適宜］／酢適量／パクチー適宜

作り方

❶鶏肉は食べやすい大きさに切る。マッシュルームは石づきをとって食べやすい大きさに切る。
❷鍋に❶とえびを入れて強火でさっと炒めたら、Aを加えて弱火で15分程煮る。
❸皿にごはんと❷を盛り、好みで酢をかけ、パクチーをのせる。

one point トムヤンクンはスープの汁気を少しおさえてごはんにかけることで、筋肉を補強できる、うれしい主食メニューになります。

チキンとブロッコリーのトマトパスタ

560 kcal

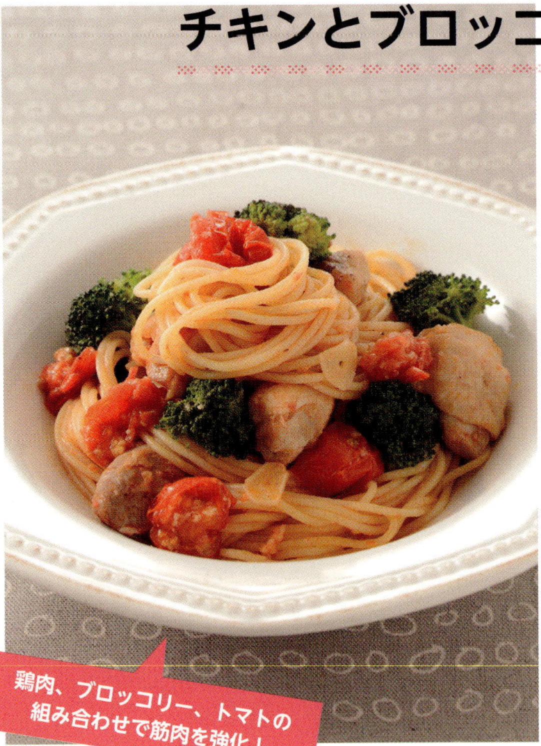
鶏肉、ブロッコリー、トマトの
組み合わせで筋肉を強化！

材料（2人分）

スパゲッティ160g／鶏むね肉200g／ブロッコリー60g／ミニトマト10個／油適量／トマトジュース100ml／コンソメ適量／塩、こしょう各少々／パルメザンチーズ大さじ2

作り方

❶鶏肉とブロッコリーは食べやすい大きさに、ミニトマトは半分に切る。

❷スパゲッティは表示時間通りに、ブロッコリーは火が通る程度にゆでる。

❸フライパンに油を熱し、鶏肉を強火でさっと炒めたら、トマトジュースとミニトマト、コンソメを加え、塩とこしょうで味を調える。

❹❸に❷を加え、皿に盛り、パルメザンチーズをかける。

one point　主食に野菜をたっぷり入れることで、ビタミンやミネラルが無理なくとれます。

牛肉すだちパスタ

557 kcal

材料（2人分）

スパゲッティ160g／牛もも肉160g／小松菜100g／しょうが1片／あさつき30g／スナップえんどう6本／オリーブオイル小さじ2／白ワイン大さじ2／和風だし小さじ2／塩、こしょう各少々／すだち1個

作り方

❶スパゲッティは表示時間通りにゆでる。

❷牛肉と小松菜は食べやすい大きさに、しょうがはみじん切り、あさつきは小口切りに、スナップえんどうは半分に切る。

❸フライパンに油を熱し、牛肉としょうがを強火で炒めたら、小松菜とスナップえんどうを加えてさらに炒め、白ワインと和風だしを加え、塩、こしょうで味を調える。

❹❸に❶を加えてよく混ぜたら皿に盛り、あさつきを散らし、すだちを絞る。

one point　練習量が少ない時は、スパゲッティの量を少し減らすようにしましょう。その際、肉の量はそのままで、野菜の量を増やすのがよいです。

すだちの酸味で
食欲が高まる

エッグサラダサンド

492 kcal

材料(2人分)

胚芽パン(6枚切り)2枚／卵2個／ブロッコリー60g／じゃがいも160g／ハム100g／レタス4枚／マヨネーズ少々／塩、こしょう各少々／マスタード適宜／ミニトマト4個

作り方

❶ゆで卵を好みのかたさにゆでる。
❷ブロッコリー、じゃがいもはそれぞれやわらかくなるまでゆでる。
❸ハムとレタスは粗みじん切りに、ゆで卵とブロッコリーはみじん切りに、じゃがいもはつぶす。
❹ボウルに❸を入れ、マヨネーズと塩、こしょう、好みでマスタードを加えて味を調え、よく混ぜる。
❺パンに❹をはさむ。
❻食べやすい大きさに切って皿に盛り、ミニトマトを飾る。

one point 熱に弱いビタミンCですが、じゃがいもに含まれるビタミンCは火に強いのが特徴。ケガの回復時にうれしい食材です。

具材にボリュームがあるので
見た目も満足！

カレーの風味が
食欲増進に効果大！

アボカドバーガー

490 kcal

材料(2人分)

バーガーパン2個／アボカド1個／ミニトマト10個／ケチャップ大さじ1・1/2／豚ロース肉100g／塩、こしょう各少々／カレー粉2g／油小さじ1／スプラウト10g

作り方

❶アボカドは輪切りにする。
❷ミニトマトは細かく切り、ケチャップと混ぜておく。
❸豚肉に塩、こしょう、カレー粉をまぶし、油を熱したフライパンで豚肉に火が通るまで強火で焼く。
❹バーガーパンに好みの順ですべての具材をはさむ。

one point アボカドの脂質は、身体にとってよいものです。ただし、運動量が少ない時はとり過ぎに注意しましょう。

食べやすいうえに
栄養素がギュッと凝縮

ブリトー風

349 kcal

材料（2人分）

食パン（6枚切り）2枚／ケチャップ小さじ2／とけるチーズ2枚／ハム2枚／卵2個／油小さじ1／イタリアンパセリ適宜

作り方

❶食パンにケチャップを塗り、チーズとハムをのせて巻く。
❷割りほぐした卵に❶を転がすようにしてつける。
❸油を熱したフライパンで外側に薄く焦げ目がつくまで中火で焼く。
❹3等分に切って皿にのせ、好みでイタリアンパセリを飾る。

one point　忙しくて朝ごはんが思うように食べられない時は、ひと口サイズで栄養価も高いこのメニューがおすすめ！

坦々麺

655 kcal

材料（2人分）

中華麺2玉（260g）／にんにく、しょうが各1片／長ねぎ15g／ごま油小さじ2／豚ひき肉100g／唐辛子（小口切り）適量／A［水3カップ／鶏ガラスープの素小さじ4／コチュジャン大さじ1／ピーナッツバター大さじ2］／チンゲン菜60g

作り方

❶にんにく、しょうがはみじん切りに、長ねぎは白髪ねぎにする。
❷鍋にごま油を熱し、豚ひき肉、にんにく、しょうが、唐辛子を香りが立つまで強火で炒め、皿に取り出す。
❸鍋にAを入れ、沸騰させてスープをつくる。
❹中華麺は表示時間通りにゆでる。途中で5cm長さに切ったチンゲン菜も加えて一緒にゆでる。
❺器に麺と❷を入れ、❸のスープをかけ、チンゲン菜と白髪ねぎをのせる。

one point　運動量が少ない時期は太りやすいので、ごま油やピーナッツバターの量は控えるようにしましょう。野菜の量は増やしてもOKです。

ビタミンB_1たっぷり！
夏バテ予防&疲労回復に！

塩焼きそば

450 kcal

材料（2人分）

中華麺2玉（260g）／たまねぎ20g／たけのこ60g／にんじん10g／キャベツ60g／もやし40g／むきえび100g／油適量／塩、こしょう各少々／酒大さじ2／鶏ガラスープ少々

作り方

❶たまねぎは薄切りに、たけのこ、にんじんは千切りに、キャベツはひと口大に切る。

❷フライパンに油を熱し、❶ともやし、えびを強火で炒める。

❸700Wの電子レンジで約30秒加熱した中華麺を❷に加えてさらに炒め、塩、こしょう、酒、鶏ガラスープで味を調える。

one point　えびは疲労回復にも効果のある食材です。野菜からミネラルをとることもできます。

疲れた日にはさっぱり塩味の
疲労回復効果のあるメニューで

焼き豚冷やし中華

569 kcal

焼き豚のビタミンB_1に
キムチを添えて、吸収力UP！

材料（2人分）

中華麺2玉（260g）／焼き豚120g／キムチ60g／きゅうり50g／みょうが2個／冷やし中華のタレ（市販品）2人分／いりごま大さじ2

作り方

❶中華麺は表示時間通りにゆで、冷蔵庫で10分程冷やす。

❷焼き豚は短冊切りにし、キムチは小さめに刻む。きゅうりは3cm長さの細切りに、みょうがは斜め細切りにする。

❸器に❶を盛り、❷をのせ、冷やし中華のタレをかけていりごまをふる。

one point　市販のタレには糖分が多く含まれているので、半量だけ使用したり、酢などで調整したりしましょう。

筋肉だけでなく
疲労回復も同時にできる

ポッサム

319 kcal

材料（2人分）

豚ブロック肉200g／A［水4カップ／ローリエ1枚／しょうが1片／にんにく1片／こしょう少々／長ねぎ60g／唐辛子少々／甜麺醤少々］／木綿豆腐100g／キムチ200g／サンチュ6枚

作り方

❶鍋にAを入れ、沸騰したら豚肉をブロックごと入れて弱火で1時間煮込む。
❷❶を取り出したら、食べやすい大きさに切る。
❸皿に❷を盛り、豆腐やキムチと一緒にサンチュに巻いて食べる。

one point パサつきやすいブロック肉も、ほかの食材と一緒に巻くことで、ぐっと食べやすくなります。豚肉のビタミンを効率的にとりましょう。

カレーレバー炒め

213 kcal

材料（2人分）

豚レバー200g／牛乳1/2カップ／しょうが1片／にんにく1片／にら60g／油小さじ2／もやし60g／A［カレー粉小さじ2／しょうゆ大さじ2／塩、こしょう各少々］

作り方

❶豚レバーは食べやすい大きさに切り、牛乳に20分程浸ける。
❷しょうがとにんにくはみじん切り、にらは5cm長さに切る。
❸フライパンに油を熱し、しょうがとにんにく、水気をきったレバーを火が通るまで強火で炒める。
❹❸ににら、もやしを加えて炒めたら、Aを加えて味を調える。

one point レバーは基本的に鉄が豊富ですが、最も鉄が多く含まれるのは豚レバーです。食べやすい炒め物で調理するようにしましょう。

苦手なレバーは
カレー味で食べやすく！

自家製ソーセージ

339 kcal

材料(2人分)

A［豚ひき肉200g／たまねぎ50g／ベーコン60g／にんにく1片／ローズマリー、タイムなど適宜／卵1/2個／塩、こしょう各少々］／ラディッシュ2個／サニーレタス20g／ライム、マスタード各適宜

作り方

❶Aをミキサーにかけてよく混ぜる。
❷❶を4～6本に分けてそれぞれラップで巻く。
❸600Wの電子レンジで、❷を4分程加熱する。
❹皿に盛り、ラディッシュやサニーレタスを添え、好みでライムを絞り、マスタードをつけて食べる。

one point 自家製ソーセージは添加物を一切使わず、混ぜるだけで簡単につくることができます。間食にするのもおすすめです。

添加物の多いソーセージも
手づくりなら安心

しょうゆと三温糖の甘辛ダレが
食欲をかきたてる！

鶏の甘辛焼き

386 kcal

材料(2人分)

鶏もも肉300g／しょうが1片／ピーマン60g／たまねぎ100g／A［しょうゆ大さじ2／三温糖、いりごま各小さじ2］／油小さじ1

作り方

❶鶏肉はひと口大に切る。しょうがはみじん切りに、ピーマンは千切りにする。たまねぎはすりおろす。
❷ボウルにピーマン、たまねぎ、Aを入れてよく混ぜ合わせる。
❸フライパンに油を熱し、鶏肉としょうがを火が通るまで強火で炒める。❷を汁ごと加えてさらに炒め合わせる。

one point 練習量が少ない場合は、鶏もも肉の皮をのぞいたり、鶏むね肉を使ってカロリーコントロールすることが大切です。

ナッツの食感も
楽しめるメニューです

牛肉と赤ピーマンのナッツ炒め

416 kcal

材料（2人分）

牛もも肉200g／長ねぎ60g／赤ピーマン1個(20g)／ナッツ各種60g／油小さじ1／塩、こしょう各少々／中華だし小さじ2

作り方

❶牛肉、長ねぎ、赤ピーマンは食べやすい大きさに切る。ナッツは砕く。
❷フライパンに油を熱し、牛肉を強火で炒める。
❸❷にそのほかの具材を加えて炒めたら、塩、こしょう、中華だしを加えて味を調える。

one point ナッツはエネルギーが高くなりますが、身体にとっては必要な脂質を含みます。適度にとることが理想です。

オイスター炒め

213 kcal

材料（2人分）

かき10個／チンゲン菜60g／白菜80g／しょうが1片／油小さじ1／オイスターソース大さじ2／水1カップ／塩、こしょう各少々／水溶き片栗粉適宜

作り方

❶チンゲン菜、白菜は3cm長さに切り、しょうがはすりおろす。
❷フライパンに油を熱し、しょうがとかきを強火でさっと炒めたら、チンゲン菜と白菜を加える。
❸さらにオイスターソースと水を加えて強火で炒めたら、塩、こしょうで味を調え、水溶き片栗粉を加えてとろみをつける。

one point 亜鉛不足は味覚障害にもなります。外食や偏食がちな場合は、亜鉛を多く含むかきを摂取するように心がけましょう。

かきの亜鉛で
すり傷の早期回復に！

さばの味噌煮焼き

347 kcal

材料（2人分）

さば200g／しょうが1片／A［味噌大さじ4／砂糖小さじ2／酒大さじ2／みりん大さじ2］／水2カップ／大葉8枚／さやいんげん適宜

作り方

❶さばはざるにのせて熱湯をかけて臭みをとり、キッチンペーパーで水分をふきとる。

❷しょうがは千切りにする。

❸鍋にしょうがとA、水を入れ、❶を加えて20分程煮る。

❹❸を大葉で包み、コンロで表面がこんがりするまで弱火で焼く。皿に盛り、ゆでたさやいんげんを添える。

one point 生のさばでゼロから味噌煮をつくるのがむずかしい場合は、さば缶を使ってもよいでしょう。大葉の風味が食欲をそそる一品です。

いつものさば味噌煮も
焼くと新鮮！

まぐろステーキポン酢ソース

253 kcal

おろしたまねぎのソースで
栄養価をアップさせる！

材料（2人分）

まぐろ（ブロック）300g／にんにく1片／おくら6本／たまねぎ60g／大根60g／油小さじ1／ポン酢大さじ4／ラディッシュ適宜

作り方

❶にんにくはみじん切りに、おくらは輪切りにする。たまねぎと大根はすりおろす。

❷油を熱したフライパンでにんにくとまぐろを強火で焼く。

❸ボウルにおくら、たまねぎ、大根を入れ、ポン酢を加えて混ぜ合わせる。

❹器に❷を盛り、❸をかける。好みでラディッシュを飾る。

one point あっさりし過ぎるまぐろも、ソースを工夫すれば食べごたえのあるメニューに早変わり。たまねぎやおくらは量を増やしてもかまいません。

まるでハンバーグ！
子どもにも食べやすい！

なめろう焼き

144 kcal

材料（2人分）

あじ2尾（160g）／長ねぎ40g／みょうが40g／しょうが1片／味噌大さじ1／油小さじ1／大葉2枚

作り方

❶あじは3枚におろす。
❷❶と長ねぎ、みょうが、しょうがを細かくたたいてよく混ぜたら、味噌を加えて2個分丸く成形する。
❸フライパンに油を熱し、❷を中火～強火で両面焼く。
❹皿に❸を盛り、大葉を添える。

one point　なめろうは焼くことで臭みが消え、食べやすくなります。それでも苦手なようであれば、ケチャップなどのソースをかけましょう。

かに玉

395 kcal

材料（2人分）

卵3個／長ねぎ40g／かにかま200g／中華だし小さじ2／塩、こしょう各少々／油適量

作り方

❶長ねぎは斜め切りに、かにかまは食べやすい大きさに切る。
❷ボウルに卵を割りほぐし、❶と中華だし、塩、こしょうを加えてよく混ぜる。
❸フライパンに油を熱し、❷を流し入れ、かき混ぜながら中火で焼き、卵が半熟になったら火を止める。

赤・黄・緑の彩りで
見た目も華やかに！

one point　卵は火加減が味に大きく影響します。火を入れ過ぎると固くなり、味も落ちるので注意。半熟を目指して、早めに火から下ろします。

煮込みハンバーグ

505 kcal

材料(2人分)

豚ひき肉200g／じゃがいも100g／にんじん60g／たまねぎ100g／トマト100g／A［溶き卵40g／牛乳大さじ4／パン粉大さじ2／塩、こしょう各少々］／小麦粉適量／油適量／トマトの水煮（缶詰）200g／ケチャップ大さじ2／パセリ少々

作り方

❶じゃがいもとにんじんはひと口大に切って、やわらかくゆでる。
❷たまねぎは半量を薄切りに、残りをみじん切りにする。トマトは粗みじん切りにする。
❸ボウルにひき肉とみじん切りにしたたまねぎ、Aを加えてよく練る。
❹❸を2等分し、大きな小判型を2つつくる。表面に小麦粉をつけ、油を熱したフライパンで、両面に焼き色がつくまで中火で焼く。
❺❹にトマト、薄切りにしたたまねぎ、トマトの水煮、ケチャップを加えて弱火で10～15分煮込む。
❻器に❺を盛り、刻んだパセリをのせて❶を添える。

one point　筋肉の回復に必要な、ビタミンCを豊富に含む野菜がたっぷりとれます。トマトの量はお好みで増やしてかまいません。

豚肉×トマトは疲れをとる効果大！

大豆の食物繊維が便秘予防にもなる高たんぱくカレー！

大豆カレー

295 kcal

材料(2人分)

大豆水煮（缶詰）100g／ほうれん草40g／豚ひき肉100g／たまねぎ（みじん切り）1/2個（100g）／セロリ（細かく刻む）70g／オリーブオイル、カレー粉各小さじ2／水2カップ／A［しょうゆ、ケチャップ各大さじ1］

作り方

❶ほうれん草はゆでて、水気をきって3cm長さに切る。
❷鍋にオリーブオイルを熱し、豚ひき肉、たまねぎ、セロリを全体に火が通るまで強火で炒める。
❸❷に水気をきった大豆、カレー粉、水を加えて弱火にかけ、煮立ったらAで味を調え、❶を加える。

one point　筋肉の予防・回復には、植物たんぱく質もしっかりとりたい栄養素。動、植物たんぱく質は割合も考えてとるようにします。

大根おろしで消化を促進！
胃への負担もおさえる

あじのおろしあえ

130 kcal

材料（2人分）

あじ 160g／大根400g／大葉４枚／酢小さじ４／塩少々

作り方

❶大根はすりおろし、大葉は千切りにする。
❷あじは魚焼きグリルで両面を焼き、皮と骨を取って身をほぐす。
❸ボウルに❶、❷、酢、塩を入れて混ぜ合わせる。

one point　そのままおかずとしてもおいしく食べられますが、ごはんにのせて食べるのもおすすめ。ちらし寿司の材料にも使えます。

ささみのゆずこしょうあえ

100 kcal

材料（2人分）

ささみ 2本（120g）／キャベツ２枚（50g）／しょうが１片／酒小さじ２／ゆずこしょう少々／ポン酢大さじ３／すりごま小さじ２

作り方

❶ささみ、キャベツ、しょうがをひと口大に切る。
❷皿にキャベツ、しょうが、ささみの順にのせて酒をかける。
❸❷に軽めにラップをかけ、電子レンジで２分程加熱する。
❹❸を取り出し、ゆずこしょうとポン酢、ごまを加えてよく混ぜる。

one point　サラダ感覚で食べられるので、食欲がある時はキャベツなどの量を増やしてもよいでしょう。すりごまの香りも食欲をそそります。

高たんぱく低脂肪のささみが
筋肉の症状に効果を発揮！

はんぺんマスタードサラダ

145 kcal

材料(2人分)

はんぺん1枚(100g)／セロリ20g／枝豆(さやなし)40粒／マヨネーズ小さじ2／レモン汁小さじ2／塩、マスタード各少々

作り方

❶はんぺんはサイコロ状に、セロリは薄切りにする。

❷ボウルにすべての材料を入れてよく混ぜる。

one point　魚が苦手な人でも、はんぺんなどの練り製品を使用することで、魚の栄養をとり入れることができます。サラダにすれば食欲のない時もGOOD！

はんぺんと豆で
動植物たんぱくを一度に補給

パリッと食べやすいので、
間食にもおすすめ！

餃子ピザ

233 kcal

材料(2人分)

ハム3枚／ミニトマト12個／餃子の皮6枚／とけるチーズ60g／ケチャップ少々

作り方

❶ハムは1cm角に、ミニトマトは半分に切る。

❷餃子の皮にすべての材料をのせて、中火にしたフライパンで3分程焼く。

one point　練習量が多い時は、ハムやチーズの量を増やして。フライパンではなく、コンロで焼いてもサクサクに仕上がります。

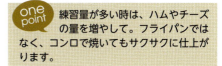

マセドアンサラダ

140 kcal

サイコロ状のサラダで
見た目もかわいく、楽しく！

材料（2人分）

にんじん40g／りんご60g／ソーセージ40g／きゅうり40g／A［マヨネーズ適量／しょうゆ小さじ2／レモン汁小さじ4／七味唐辛子少々］

作り方

❶にんじん、りんご、ソーセージ、きゅうりはサイコロ状に切る。

❷ボウルに❶とAを入れてよく混ぜ合わせる。

one point 脂質が高いので、マヨネーズの量はなるべく控えめに。レモンやしょうゆで味を調整するようにしましょう。

甘酢ねぎの生ハム巻き

148 kcal

材料（2人分）

長ねぎ1/2本（80g）／りんご酢1カップ／はちみつ大さじ2／生ハム8枚

作り方

❶長ねぎは8等分に斜め切りにする。

❷フタのついた容器に❶と酢、はちみつを入れて冷蔵庫で3時間以上おく。

❸❷を生ハムで巻く。

長ねぎの甘味と
ハムの塩味がやみつきに

one point 長ねぎはりんご酢とはちみつに一晩浸けておくほうが、味がしみ込んで食べやすくなります。

マリネならフルーツと豆を
一度に食べられる

ミックスビーンズとキウイのマリネ

152 kcal

材料（2人分）

ミックスビーンズ（ゆで）120g／キウイ1個／ラディッシュ4個／酢小さじ1／亜麻仁油（またはオリーブオイル）小さじ2／塩、こしょう各少々

作り方

❶キウイとラディッシュは、それぞれ食べやすい大きさに切る。

❷すべての材料をよく混ぜる。

海鮮生春巻き

122 kcal

材料（2人分）

えび（殻つき）120g／わかめ（塩蔵）40g／かいわれ大根20g／生春巻きの皮2枚／タレ［ケチャップ大さじ1／しょうゆ大さじ2］

作り方

❶えびは殻をむいて、背ワタを取り除き、さっとゆでる。火が通ったら取り出し、縦半分に切る。

❷わかめは塩を洗い流し、みじん切りにする。かいわれ大根は根元を切り落とし、食べやすい大きさに切る。

❸生春巻きの皮はぬるま湯につけて戻す。

❹❸に❶、❷をのせて巻く。

❺器に❹を盛り、タレをつけて食べる。

ミネラル、たんぱく質が豊富な食材を
生春巻きでヘルシーに！

ヨーグルトでカレーの
風味がマイルドに変身

パプリカのカレーヨーグルト

36 kcal

材料（2人分）

パプリカ（赤・黄）各1/2個（各40g）／ヨーグルト大さじ4／カレー粉小さじ1／塩少々

作り方

❶パプリカは千切りにする。

❷フタのついた容器に❶とヨーグルト、カレー粉、塩を入れてよく混ぜ、冷蔵庫で1時間程おく。

具材の組み合わせ次第で、筋肉つくりに活躍！

食欲がない時も
無理なくたんぱく質がとれる味噌汁

魚おろし汁

130 kcal

材料（2人分）

白身魚200g／大根300g／あさつき20g／だし汁2カップ／味噌24g

作り方

❶白身魚は3枚におろし、食べやすい大きさに切る。大根はすりおろし、あさつきは小口切りにする。
❷鍋にだし汁を入れて沸騰させ、白身魚、大根おろしを入れて、さらに弱火で煮込む。
❸魚に火が通ったら、味噌を溶かし入れる。
❹器に❸を盛り、あさつきを散らす。

酒粕豚汁

133 kcal

材料（2人分）

豚もも肉40g／にんじん20g／ごぼう20g／大根40g／長ねぎ20g／白菜40g／だし汁3カップ／酒粕40g／しょうが1片／味噌30g

作り方

❶豚肉と野菜は食べやすい大きさに切る。
❷鍋にだし汁とにんじん、ごぼう、大根を入れたら中火で加熱し、沸騰したら豚肉を加える。
❸❷に長ねぎと白菜を加えて火が通ったら、酒粕としょうが、味噌を加えて溶かす。

酒粕に含まれる豊富な
たんぱく質が筋肉を強化

かぼちゃとひき肉で
食べ応えのある一品！

かぼちゃとひき肉の味噌汁

103 kcal

材料（2人分）

かぼちゃ60g／豚ひき肉40g／油小さじ1/2／だし汁2カップ／味噌24g

作り方

❶かぼちゃはひと口大に切る。
❷鍋に油を熱し、❶とひき肉を中火でさっと炒めたら、だし汁を加えて弱火で煮る。
❸材料がやわらかくなったら、味噌を溶かす。

塩麹で肉や野菜の
旨味が引きたつ！

塩麹ポトフ

204 kcal

材料（2人分）

にんじん100g／ブロッコリー60g／じゃがいも100g／たまねぎ60g／大根60g／豚ロース肉100g／水3カップ／ローリエ適宜／コンソメ1個／塩麹小さじ2／塩少々

作り方

❶にんじん、ブロッコリー、じゃがいも、たまねぎ、大根、豚肉はひと口大に切る。
❷鍋に水とローリエ、コンソメ、塩麹、にんじん、じゃがいも、大根を入れて中火で煮る。
❸❷が沸騰したらブロッコリー、たまねぎ、豚肉を加えてさらに弱火で煮込む。塩で味を調える。

豆腐と梅のとろみスープ

80 kcal

材料（2人分）

絹豆腐100g／にんにく1片／しょうが1/2片／長ねぎ10g／ごま油小さじ2／鶏ガラスープ2カップ／梅干し2個／水溶き片栗粉少々

作り方

❶豆腐はサイコロ状に、にんにくとしょうがは千切りに、長ねぎは小口切りにする。
❷鍋にごま油を入れてにんにくとしょうがを炒める。
❸❷に鶏ガラスープと豆腐を入れて火が通ったら、梅干しと長ねぎ、水溶き片栗粉を加える。

とろみがあるので
体調不良の時にもおすすめ

貝類はスープにして

あさりとムール貝のサフランスープ

148 kcal

材料（2人分）

あさり20個／たまねぎ1/2個／にんにく1片／あさつき10g／油小さじ1／サフラン少々／ムール貝6個／水1・1/2カップ／コンソメ小さじ1／塩少々

作り方

❶たまねぎは薄切り、にんにくはみじん切り、あさつきは小口切りにする。
❷鍋に油を熱し、にんにくとたまねぎを強火で炒めたら、サフランを加える。
❸さらにあさりとムール貝を加えたら、水とコンソメ、塩を加えて弱火で煮込む。
❹器に盛り、あさつきを散らす。

かぼちゃのビタミンAと
ビタミンEが疲労回復に最適！

かぼちゃのムース

214
kcal

材料（2人分）

かぼちゃ100g／ゼラチン（粉末）50g／水30ml／牛乳1カップ／砂糖20g／生クリーム40ml／ミント適宜

作り方

❶かぼちゃは皮をむき、電子レンジにかけてつぶす。
❷ゼラチンは水でふやかす。
❸鍋に❶と牛乳を加えて火にかけ、弱火で混ぜながら砂糖を数回に分けて加え、❷を入れる。
❹生クリームは角が立つまで泡立て、❸に加え、混ぜる。
❺❹を小さめの容器2個に分けて入れ、冷蔵庫で冷やす。好みでミントを飾る。

one point 練習量が少なく、体脂肪が気になる時は生クリームの量は控えめにしましょう。

トマトの練乳シャーベット

68
kcal

材料（2人分）

トマト1個／オレンジ1/4個／はちみつ20g／練乳大さじ1／レモン汁少々

作り方

❶トマトとオレンジは皮をむき、ボウルに入れてつぶす。
❷❶にはちみつと練乳、レモン汁を加えてよく混ぜ、ボウルごと冷凍庫で冷やし、時々とり出して砕く。
❸❷がシャーベット状に固まったら器に盛る。

one point オレンジの代わりにグレープフルーツなど、ほかの柑橘類のフルーツを使ってもOK。練習量が多い時ははちみつを多めに使いましょう。

トマトの酸味が苦手でも、
シャーベットで食べやすく

アサイーボウル

293 kcal

材料(2人分)

アサイージュース200ml／バナナ2本／豆乳60ml／グラノーラ40g／いちご10個／ブルーベリー20粒

作り方

❶バナナは半分冷凍しておく。
❷ミキサーに❶とアサイージュース、豆乳を入れてよく混ぜる。
❸器に❷とグラノーラ、スライスした残りのバナナ、いちご、ブルーベリーを盛りつける。

one point グラノーラのカロリーが気になる場合は、オールブランを。アサイージュースが手に入らない時は、ほかの100%ジュースで代用できます。

間食はもちろん、
朝食にもぴったり

ヨーグルトが入ることで
満足感もアップ！

はちみつヨーグルトドリンク

158 kcal

材料(2人分)

無糖プレーンヨーグルト1カップ／レモンの皮少々／牛乳1カップ／レモン汁大さじ2／はちみつ小さじ2

作り方

❶レモンの皮はよく洗い、千切りにする。
❷グラスにヨーグルト、牛乳、レモン汁、はちみつを入れてよく混ぜたら、❶をのせる。

one point 牛乳アレルギーや乳糖不耐症の人は、乳製品の代わりに豆乳を使うようにしましょう。

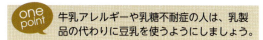

必要なものだけとり入れよう

補食のとり方・外食のとり方②

効果的なリハビリにするために、リハビリの前後に何を食べるかを意識するようにしましょう。

練習やリハビリの効果を高める補食法

補食とは、おやつではなく、身体に必要な栄養素を最適なタイミングでとることです。お菓子など必要のないものでエネルギーをとるのはNG。筋肉を修復するものを意識してとりましょう。

練習・リハビリ後の補食

タイミング

練習・リハビリ後30分以内

必要な栄養素

たんぱく質＞炭水化物

炭水化物とたんぱく質を一緒にとりましょう。筋肉の回復には、たんぱく質を多くとることがポイントです。

練習・リハビリ前の補食

タイミング

練習・リハビリ
2時間前くらいが目安

必要な栄養素

炭水化物＞たんぱく質

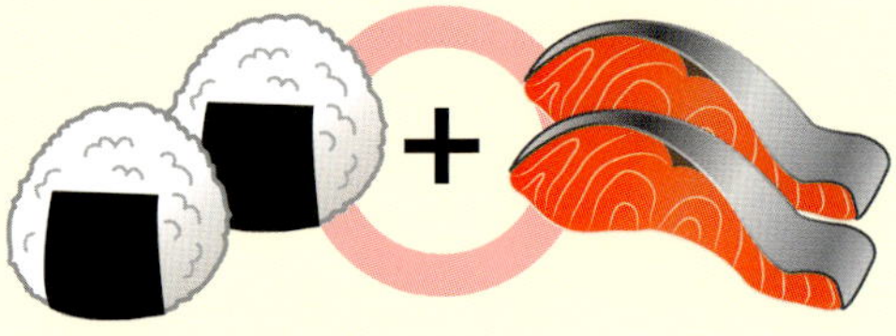

練習・リハビリ前で身体を動かすからと、エネルギー源だけにならないようにするのがポイント。おにぎりなら、さけや納豆などたんぱく質がとれるものを選んで。

筋肉の症状を予防&回復させるための
補食・外食のポイント

1

回数を分けたたんぱく質の摂取を意識する
とりたい食材：卵、納豆、牛乳、ヨーグルト、牛肉、豚肉、鶏肉、お刺身、焼き魚

2

たんぱく質の代謝に関与する**ビタミンB_6**をとる
とりたい食材：あさり、さば、レバー、お刺身、にんにく、生ハム、さんま、ごま

3

抗酸化ビタミン(ビタミンA、C、E)をとる
とりたい食材：レモン、にんじん、キャベツ、ブロッコリー、うなぎ、アーモンド、かぼちゃ

4

体重増加を抑えるため、**脂質の高いものはさける**
控えたいメニュー：スナック菓子、ケーキ、菓子パン

5

丼もの、パスタ、ラーメンなどの
炭水化物中心のものだけ食べるのはさける
控えたいメニュー：かつ丼、ラーメン、カップラーメン、スパゲッティ

6

和食の定食は栄養のバランスがとりやすい。ただし、丼ものは高カロリーで栄養がかたよりやすいので、選ぶ際は**ごはんを少なめにする**
とりたいメニュー：焼き魚定食、煮魚定食、刺身定食

7

洋食は、ソースやクリームなど、
「かくれ脂質」が高いので注意する
控えたいメニュー：ハンバーグ、グラタン、ドリア、スパゲッティ(カルボナーラなど)

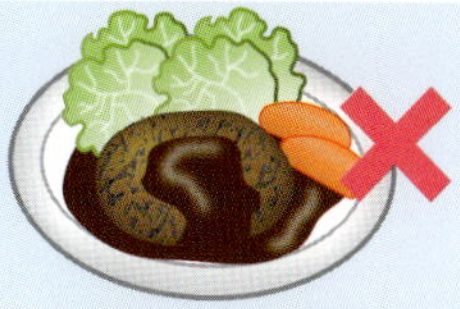

8

中華は油っこいイメージがあるが、**たんぱく質や野菜がとりやすい**ので、メニューをうまく選ぶ
とりたいメニュー：チンジャオロースー、いかとチンゲン菜の炒め物、ホイコーロー

column 2

ケガや体調不良などの応急処置

早期回復のために すみやかに適切な処置を

ケガは、発症した直後に適切な処置をとらないと、重症化して治療や練習復帰までの期間が長引くことがあります。症状によっては選手生命に関わる場合もあるので、手遅れにならないよう注意が必要。あわてる前に、スポーツ選手に多いケガなどについて、応急処置を覚えておきましょう。

スポーツ外傷には原則としてRICE《ライス》処置を行います。これは4つの処置の総称で、患部《かんぶ》の腫《は》れを抑えるもの。腫れをいかに最小限に抑えるかが、予後に大きく関わります。早期復帰のために大切な処置なのです。

交代浴は、筋疲労や筋肉痛に効果的。入浴時間を有効活用しましょう。

熱中症は命の危険に関わる場合もあります。適切な判断と、すみやかな処置が大変重要です。

RICE処置

多くのスポーツ外傷に対応する処置

ケガの一般的な応急処置で、ねんざや打撲、肉離れなど、ほとんどのスポーツ外傷に適用されます。RICEとは、英語のRest《レスト》(安静)、Icing《アイシング》(冷却)、Compression《コンプレッション》(圧迫)、Elevation《エレベーション》(挙上)の4つの処置の総称です。ケガをしたら、いかに早く対応できるかが、完治までの時間に関わってきます。自分がケガした場合はもちろん、チームメイトや対戦相手がケガをした場合でもすぐに対応できるように、しっかり覚えておきましょう。

Rest(安静)

ケガをした場合、すみやかにトレーニングを中止し、安静にします。無理をすると腫れや痛みが悪化する原因に。対応を周りにお願いし、患部を動かさないこと。

Icing(冷却)

患部を冷やすことは、血管を収縮させて内出血を抑えたり、痛みや腫れなどの炎症を抑える効果があります。ケガをしたら、すぐにアイスパックやビニール袋に入れた氷水などで冷やします。一般的にケガをしてから48時間まで行います。当日は15分ほど冷やしたら、凍傷になるのを防ぐため1時間以上あけて再び15分冷やす処置を繰り返して。

Compression(圧迫)

適度な圧迫を患部に与えることで腫れや炎症を抑える処置です。足首全体をラップを使って、アイシング用の氷と一緒に圧迫したり、弾性包帯を使って固定したりします。

Elevation(挙上)

心臓より高い位置に患部を保ち、患部への血流を緩和します。内出血や腫れを抑える効果があります。寝る時は患部の下に毛布や座布団を敷いて、30cmほど高くしましょう。

交《こう》代《たい》浴《よく》

バスタイムを利用したケアは疲労回復全般に効果あり

交代浴は筋疲労などに効果があります。“温水に3分つかった後、冷水シャワーを1分浴びる”を3～5セット繰り返します。冷却により、血管の収縮が起こり、その後の温熱効果で血管が拡張し、末梢血管の循環が活発になることで乳酸など、疲労の原因が取り除きやすくなります。疲労を蓄積させるとケガの原因にもなるので、交代浴を習慣にしましょう。

熱中症の処置

意識がしっかりしていて体温の上昇が見られない

意識がなく体温の上昇が著しい場合

真夏や急に暑くなった日の屋外トレーニングは特に注意

熱中症を訴えたとき、処置はふたつに大別できます。重要なのはもっとも重症で命に関わる危険性がある、熱射病かどうかの見極め。言動がおかしい、意識がないの意識障害や体温が40℃以上に上昇するなどの症状が見られたらすぐに救急車を要請します。高体温が長く続く程、全身の臓器障害が起きる危険も高まります。いかに早く体温を下げて意識を回復するかが予後を左右するので、救急車到着までの現場での処置が重要です。

熱射病が疑われる場合、全身に水をかけたり、首すじや脇の下など太い血管の通っている場所に氷嚢《ひょうのう》をあてる、濡れタオルであおぐなどのあらゆる方法で、体温を下げる試みを。

熱痙攣《ねつけいれん》や熱失神、熱疲労の場合は、木陰など、風の通る涼しい場所に運び、衣服をゆるめて寝かせ、水分や生理食塩水を補給します。貧血を起こしている場合は、足を高くします。吐き気を訴えて自分で水分がとれない場合は、すぐに病院で点滴を受けましょう。

mini特集 女子選手

メンタルや身体の健やかな成長のために

女性特有の症状と向き合う

身体の特徴の違いで症状やケガに傾向が

10代女子選手は、その身体やメンタルの特徴から、注意しなければならないことがあります。

まず、女子特有の骨盤の傾きや足の向き、身体の使い方によって起こりやすいケガがあります。「ニーイン・トゥアウト」といい、ジャンプで着地する時など、つま先が外側を向き、膝が内側に入ってしまうことが多く、この症状がさまざまなケガを引き起こしてしまうのです。

ケガを予防し、パフォーマンスを向上させるために、ウォーミングアップの際に関節やじん帯、腱にしっかりと刺激を与えることが大切です。動きながらのストレッチや、ステップやジャンプ動作を行います。このとき、つま先の向きと膝の向きを揃えるように意識しましょう。このようなウォーミングアップにより、腱やじん帯の耐久力や運動神経の反射時間を短くし、ケガの発生を大幅に下げることがわかっています。

また、女子選手は疲労を感じても訴えないことが多いのも特徴。激しいトレーニングを連続して何日も行うと、身体の回復が追いつかずケガの原因になりかねません。2日間ハードなメニューをこなしたら次の日は練習量を落としましょう。

ほかにも、月経で鉄が失われたり、トレーニングによって血液中の赤血球を損失したりすることが原因で起こる貧血や、ホルモンバランスの乱れからくる月経異常などが多い症状。また、女子選手は男子よりも周りの環境や心理的なプレッシャーを受けやすいといわれているため、メンタル面でのケアも重要となります。

覚えておきたいkeyword

ニーイン・トゥアウト

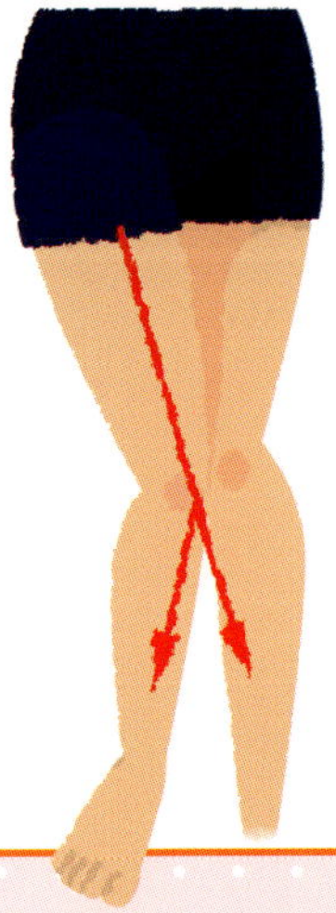

女性に多いアライメント(骨の位置関係)異常で、運動する際など、つま先が外側を向いているのにひざが内側に入ってしまう状態をいいます。地面にまっすぐ力を伝えられないため、充分なパフォーマンスを発揮できず、シンスプリントや疲労骨折など、さまざまなケガを引き起こします。足に合った靴を履くなどで対応を。

女子選手が注意したいこと

女性特有の心身の変化や身体のつくりが、コンディションに大きく影響することがあります。
それぞれの症状の特徴を理解しましょう。

✷シンスプリント

ニーイン・トゥアウトが原因で起きやすい症状のひとつで、すねの内側部分で炎症が起きるもの。悪化させると通常の歩行もできなくなり、疲労骨折へと移行する場合も。足に合った靴を履くことが予防につながります。

✷捻挫

スポーツや転倒などによって、足首などをひねり、関節部分（じん帯や腱、軟骨）が傷つくケガのこと。ニーイン・トゥアウトが原因となることも多いため、女子選手に多いケガのひとつです。ひどい場合、剥離《はくり》骨折を起こすことも。

✷摂食障害

体脂肪を減らしたいと思うあまり、過度の減量をしてしまうケースが。過度のダイエットは拒食症などの摂食障害を引き起こすこともあります。女性には最低12％の体脂肪が必要、ハードな食事制限を行う際は注意して。

✷メンタル面

一般的に女子選手は男子選手よりもナイーブ。とくに指導者の言動は女子選手に大きな影響力を与え、ストレスによって心身ともに異常をきたすおそれがあります。指導者は選手の自尊心を傷つけないよう心がけることが大切。

✷疲労骨折

ニーイン・トゥアウトの状態でランニングなどを続けると、すね内側の故障（シンスプリント）から疲労骨折に移行します。走り過ぎや足のアライメント異常も原因のひとつ。中敷きで調整するなど、足に合った靴を履きましょう。

✷肉離れ

筋肉の収縮動作が急激に行われた時に、筋肉そのものに部分断裂や完全断裂が発症する症状です。筋肉の疲労やニーイン・トゥアウトが原因となる場合も。体を動かす前の充分なストレッチで予防しましょう。

✷貧血

女性は男性よりも貧血になりやすいといわれています。特にスポーツ選手は、トレーニングによって血液中の赤血球が損失し、鉄が失われるため気をつけましょう。

✷月経障害

激しいトレーニングを継続して行うと、身体に負担がかかり「続発性無月経症」などのさまざまな月経障害が発生します。女性ホルモンのバランスが乱れていることが原因。栄養バランスがとれた食事などで改善を！

選手として向上するために

積極的にとりたい食材

ホルモンバランスを意識した身体づくり

10代の身体の発達は、個人差だけでなく性差も大きく影響してきます。一般的に、筋肉質な男性に比べて、女性は脂肪も多く、身体つきも丸みをおびています。

栄養所要量を比較してみると、男子よりも女子の方が少なくなっています。本書のレシピのカロリーは15歳前後の男子を基準にしているため、女子選手の場合は、レシピの8割くらいを目安に考えるとよいでしょう。

また、女子の場合は月経がはじまることもあり、月経やホルモンバランスを考慮した食事メニューで体調を管理する必要も出てきます。正常な月経周期は25～38日あたりで繰り返されますが、ホルモンバランスが乱れると、続《ぞく》発《はっ》性《せい》無《む》月《げっ》経《けい》や、稀《き》発《はっ》月《げっ》経《けい》などの月経周期異常や出血量の異常、機能性子宮障害などの月経障害が起こります。運動と栄養のバランスがとれていないことが月経の乱れにつながるため、必要なエネルギーをとって欠食をさけ、主食を増やして調整しましょう。

また、月経がはじまると貧血を訴える選手が増えるため、鉄やビタミンCなどを積極的にとり、予防を心がけて。

月経のサイクルはじん帯を構成するコラーゲンの破壊と再生のサイクルに影響があるといわれています。そのため、激しいトレーニングをした際の栄養と休息のバランスがくずれると、日々のトレーニングで傷めた骨や関節の再生が間に合わず、疲労骨折などのケガにつながることも。疲労を感じたときは、ケアを心がけ、たんぱく質やカルシウムなど骨をつくる食材をとりましょう。

レシピの活用法　例 親子丼

基本の材料（2人分）	ごはん280g／鶏むね肉160g／たまねぎ100g／卵2個／あさつき（小口切り）小さじ1／油適量／塩、こしょう各少々／しょうゆ大さじ2／和風だし小さじ2

女性の場合は0.8倍！

女性の場合の材料（2人分）	ごはん224g／鶏むね肉128g／たまねぎ80g／卵1.6個分／あさつき（小口切り）小さじ1／油適量／塩、こしょう各少々／しょうゆ大さじ1.6／和風だし小さじ1.6

月経周期とホルモン分泌の変化

排卵日前後はホルモンの影響により、目の反射や筋肉の収縮速度に影響が出るため、
ケガが起きやすい時期といわれています。

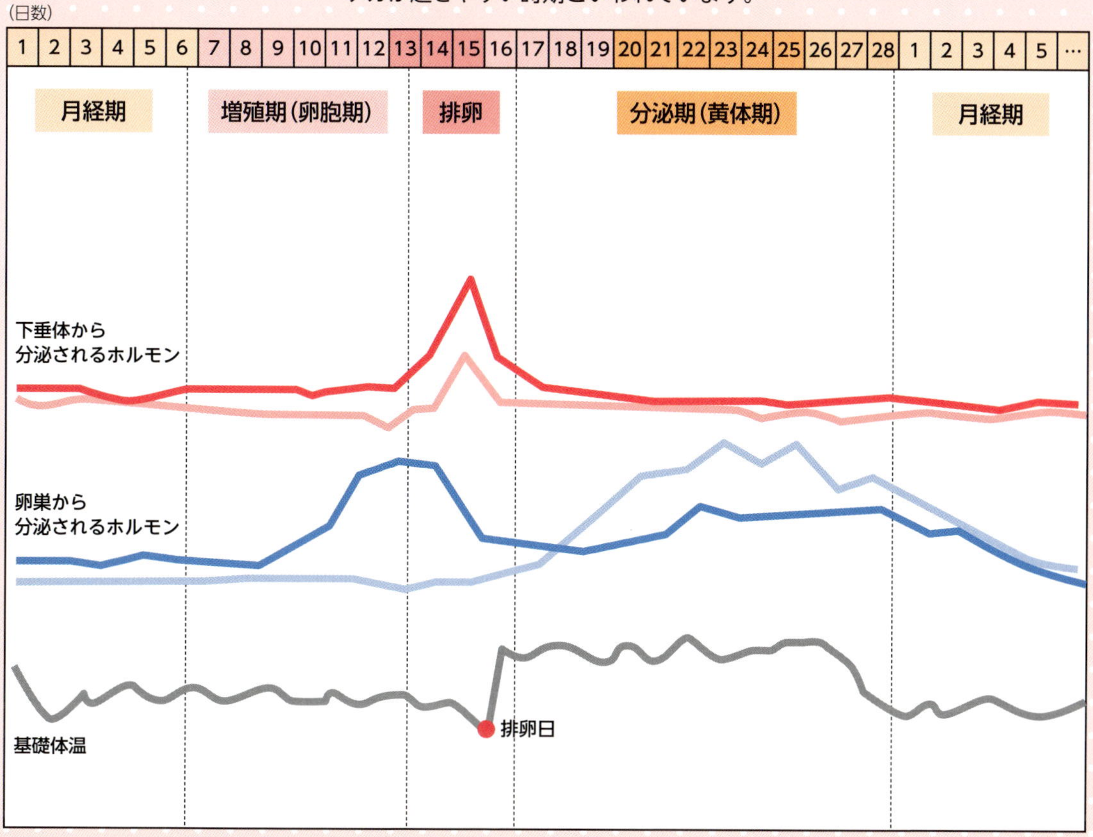

※ソフィ-ユニ・チャームホームページより

目的別 とりたい食材

貧血や骨の症状を予防・回復するために必要な食材を
毎日意識して積極的にとるようにしましょう。

貧血予防

鉄
レバー、貝類、ほうれん草

ビタミンC
いちご、ブロッコリー、トマト

ビタミンB_{12}
牛肉、レバー、貝類

骨をつくる

たんぱく質 肉、魚、卵、乳製品、大豆製品

骨をつくるためにはたんぱく質が必要です。毎日の食事で、肉、魚、卵、乳製品に含まれる動物性たんぱく質と、大豆類などに多い植物性たんぱくをバランスよくとるようにしましょう。1日で5種類すべてとるのが理想です。

カルシウム 乳製品、小魚

ビタミンD 魚、しいたけ、きくらげ

代謝について

エネルギーの摂取量と消費量を把握する

女子選手は3つの症状に注意

激しいトレーニングを続ける女子選手には、摂食障害《せっしょくしょうがい》（利用可能エネルギー不足）、無月経、骨粗鬆症《こつそしょうしょう》のリスクがあるといわれています。摂食障害は運動によるエネルギー消費量が、食事によるエネルギー摂取量を上回った状態をいい、この状態が続くと女性ホルモン分泌や骨代謝のメカニズムに異常をきたし、無月経や骨粗鬆症へと発展するのです。

摂食障害や精神的・身体的ストレスが原因の運動性無月経は、体操、新体操、フィギュアスケートなどの選手に多く見られます。また、10代でも無月経になることで骨量が減少し、疲労骨折が発症する危険が高まります。

女子に多い代謝に関する症状

3つの症状のほかに、月経前は体重が若干増加しますが、
これはホルモンの変化による生理的な代謝の変動だと理解しましょう。

自分の基礎代謝量を把握しよう

摂取エネルギーから運動による消費エネルギーを引いたものが、
基礎代謝や日常活動に使用可能なエネルギー量です。自分の基礎代謝を確認してみましょう。

基礎代謝基準と基礎代謝量

	男性			女性（妊婦、授乳婦を除く）		
年齢（歳）	基礎代謝基準値（kcal/kg/日）	基準体重（kg）	基準体重での基礎代謝量（kcal/日）	基礎代謝基準値（kcal/kg/日）	基準体重（kg）	基準体重での基礎代謝量（kcal/日）
1～2	61.0	11.5	700	59.7	11.0	660
3～5	54.8	16.5	900	52.2	16.1	840
6～7	44.3	22.2	980	41.9	21.9	920
8～9	40.8	28.0	1,140	38.3	27.4	1,050
10～11	37.4	35.6	1,330	34.8	36.3	1,260
12～14	31.0	49.0	1,520	29.6	47.5	1,410
15～17	27.0	59.7	1,610	25.3	51.9	1,310
18～29	24.0	63.2	1,520	22.1	50.0	1,110
30～49	22.3	68.5	1,530	21.7	53.1	1,150
50～69	21.5	65.3	1,400	20.7	53.0	1,110
70以上	21.5	60.0	1,290	20.7	49.5	1,020

※厚生労働省：日本人の食事摂取基準（2015年版）

基礎代謝を上げるには

体重増加を気にして食事量を減らすと、体調不良の原因になりかねません。
それよりも基礎代謝を上げて、太りにくい身体づくりを。

1 筋肉量を増やす

トレーニングをし、高たんぱく質の食事をとり、筋肉量をふやすことで基礎代謝は上がります。日常生活では姿勢を正すことも効果的。

2 温度調整

寒さは基礎代謝をあげる効果があります。寒い時は身体が熱をつくろうとして、体温が上がり、血行がよくなります。

mini特集
女子選手

メンタル面の安定を心がけよう

過食・拒食を防ぐためのヒント

ちょっとしたことがきっかけで摂食障害に

思春期の女子選手にとってダイエットは気になることのひとつ。中学生から高校生にかけては第二次成長期を迎え、女性らしい身体つきに変化していく時期です。そこで脂肪を重みと感じ、以前のようなプレーができなくなることに不満を感じる選手も少なくないでしょう。

しかし、過度の減量は過食症や拒食症といった摂食障害につながります。摂食障害は、ストレスを適切に処理する能力が未熟なことで起こります。スポーツ選手の場合は、小さい時からの専門的なトレーニングの積み重ね、長期にわたる減量など体重変化を繰り返すこと、練習量の急激な増加、ケガ、コーチの変更など、精神的な影響がきっかけで起こる場合が多いようです。このような環境下では、選手のストレスに敏感に対応できるよう心がけましょう。

摂食障害が続くと、栄養不足や慢性疲《まんせいひ》労《ろう》、免疫低下などで、ケガや病気のリスクが高くなります。症状としては低体重や、安静時徐脈《あんせいじじょみゃく》、月経異常《げっけいいじょう》、貧血などが出てきます。月経異常には3か月以上月経がこない続発性無月経《ぞくはっせいむげっけい》や、月経周期が40日以上という稀発月経《きはつげっけい》などがあります。さらに体脂肪が極端に減るとエストロゲン分泌が減少し、骨密度が低下して疲労骨折の原因になることもわかっています。

女子選手は一般的に、男子選手に比べナイーブです。周囲の無神経なひとことが、摂食障害の引き金になることもあります。指導者や家族は、選手の外見や女性ならではの悩みについて自尊心を傷つけないように注意しましょう。

覚えておきたいkeyword

過食・拒食

過食症と拒食症をあわせて摂食障害といいます。極端なダイエット願望などからかかる「神経性大食症」と「神経性無食欲症」という病気です。過食症は食べ過ぎた後に自分で嘔吐する、下剤を飲んで出すなど、食べ過ぎたことを打ち消す行動を伴い、ひどく後悔するなどの精神的不安もあります。合併して過食と拒食を繰り返すことも。嘔吐を繰り返すことで、水分不足や体液（電解質）のアンバランス、虫歯なども起こりやすくなります。

摂食障害チェックリスト

摂食障害の兆候を感じたら、早めに医療機関で受診するのがベスト。
不安な人は、こちらのリストでチェックしてみましょう。

	項目	いつも(3点)	非常にしばしば(2点)	しばしば(1点)	時々(0点)	たまに(0点)	まったくない(0点)
1	体重が増え過ぎるのではないかと心配です						
2	空腹のときでも食事をさけます						
3	食べ物のことで頭がいっぱいです						
4	制止できそうにないと思いながら大食いしたことがあります						
5	食べ物を小さく切り刻みます						
6	自分が食べているもののカロリーに気を配ります						
7	炭水化物の多い食べ物はさけます						
8	ほかの人は、私がもっと食べるように望んでいるようです						
9	食べたあとに吐きます						
10	食べたあとで、ひどく悪いことをしたように思います						
11	もっとやせたいという思いで頭がいっぱいです						
12	運動すればカロリーは使い果たすと思います						
13	私はやせ過ぎていると昔から思われています						
14	自分の身体に脂肪がついているという考えのとりこになっています						
15	ほかの人よりも食事に時間がかかります						
16	砂糖の入った食べ物をさけます						
17	ダイエット食をとっています						
18	私の人生は食べ物にふりまわされていると思います						
19	食べ物に関するセルフコントロールをしています						
20	ほかの人たちが、私に食べるように圧力をかけているように思います						
21	食べ物に関して、時間をかけ過ぎたり、考え過ぎたりします						
22	甘いものを食べたあと不愉快な気分になります						
23	ダイエットにはげんでいます						
24	胃の中が空っぽになるのが好きです						
25	栄養価の高いものが新しく出てきても試食したくありません						
26	食べたあとに吐きたいという衝動にかられます						

合計20点以上で摂食障害。
早期に医療機関を受診しましょう。

合計　　　　点

「女性選手の三主徴」について知ろう

女性選手に多く見られる症状で、健康の問題となるもののひとつに、アメリカスポーツ医学会がとりあげた「女性選手の三主徴」があります。これは、「摂食障害」「無月経」「骨粗鬆症」のことです。

国際オリンピック委員会では、これらの症状が起こった場合、それはチームの責任であり、女性選手の健康と安全を保証しなければならないという声明も出されています。

基礎体温のすすめ

P87を参考に、自分の基礎体温を測って日々の変化を比べましょう。自分の身体に関心をもつきっかけになります。

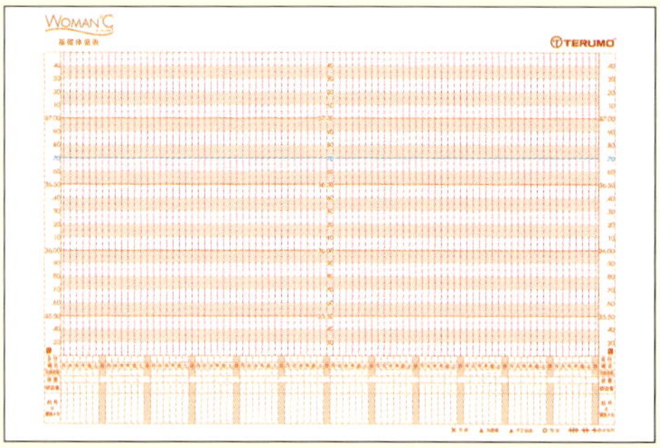

記入表をダウンロードして使いましょう

http://www.terumo-womens-health.jp/data/kisotaion_2007b.pdf

※TERMOホームページより

女性の三主徴

①摂食障害

- 摂食障害が多い競技は、体操や新体操、バレエなど審美系スポーツがもっとも多く、柔道やレスリングなどの体重階級制スポーツがそれに続く。逆に、ウエイトリフティングなどのパワー系は少ない
- 近年はスポーツ選手だけでなく、スポーツをしない子どもの摂食障害も問題になっている

②無月経

- 無月経とは、3か月以上の月経停止のことをいう。18歳を過ぎても初潮が起こらないものを原発性《げんぱつせい》無《む》月《げっ》経《けい》という
- 月経の周期には、ある程度の体重が必要。また体脂肪率との関係が大きく、体脂肪率が低いほど月経異常率が高くなる
- 正常月経周期は25～38日あたりで繰り返される
- 正常体重でも、トレーニングのし過ぎや精神的なストレスでも起こる

③骨粗鬆症

- スポーツ選手の月経異常で、女性ホルモン（エストロゲン）の欠乏。これによって骨量が低下し、骨産生が行われなくなる可能性あり
- たんぱく質、カルシウム、ビタミンK、ビタミンDなどをしっかりとる

Chapter
4

骨と関節の症状の予防・回復食

野球肩、テニスひじ、ランナーひざなど、スポーツの種目ごとに名前があるほど細分化される骨と関節の症状。カルシウムやたんぱく質をバランスよくとりながら、予防・回復を目指しましょう。

トレーニングのし過ぎに注意！

10代スポーツ選手に多い 骨と関節の症状

骨がやわらかい10代の選手は、軟骨など関節周りのトラブルに気をつけましょう。重傷の場合は回復に時間がかかることも多いため、早めにケアすることも大切です。

投げ過ぎが原因のひとつ

野球肩

間違ったフォームで投げ続けることが肩の負担に

くずれたフォームで繰り返し投球することにより、肩の腱に炎症が起こる症状を野球肩といいます。高校生以上に多く見られ、体の軸がずれて肩甲骨《けんこうこつ》の可動域が狭い状態で投げたり、間違ったひじのポジションなど、動きのクセが原因になります。そのため、正しく投球できているかを見直すことが大切です。身体のつくりは個々で違うので、正しいフォームも人それぞれ。投げ方に違和感を覚えた場合は、指導者と一緒に自分に合ったフォームを見つけましょう。

予防法 1日の投球数の上限を決め、投げ過ぎないようにしましょう。上半身だけで投げると肩に負担がかかるので下半身強化を心がけて。普段から肩や周辺の筋肉をストレッチするのも効果的です。

治療法 炎症が起きている間は冷やして、一定期間は安静にします。その間は下半身強化のトレーニングをしましょう。

成長期の投手に多い

野球ひじ（投球ひじ）

ひじが曲がらなくなることも 違和感を覚えたらすぐにケアを

骨がやわらかい10代に多く、ひじの軟骨部分に炎症が起きる症状。投げる時にひじの高さや身体の軸がずれ、肩の可動域が狭くなった状態で投げ続けることが主な原因です。痛みをがまんして投げ続けると、症状が悪化するので注意しましょう。ひじが伸びない、曲がらないなどの違和感や、痛みや腫れを自覚したら投球を休止し、医療機関を受診しましょう。

予防法 投球動作のし過ぎが原因のひとつ。トレーニングでの投球数を決め、投げ過ぎないように注意しましょう。

治療法 痛みがある間は、患部は冷やして休ませ、周辺の筋肉をストレッチしましょう。炎症が治まって違和感なく投げられるようになるまで、2週間から1か月ほどかかります。

初心者は要注意！

テニスひじ

フォームの乱れや使い過ぎで ひじへ負担がかかることが原因

テニスひじは、フォアハンドストロークが原因でひじの内側を痛めるフォアハンドテニスひじ（上《じょう》腕《わん》骨《こつ》内《ない》側《そく》上《じょう》顆《か》炎《えん》）とバックハンドストロークが原因でひじの外側を痛めるバックハンドテニスひじ（上《じょう》腕《わん》骨《こつ》外《がい》側《そく》上《じょう》顆《か》炎《えん》）の2種類があります。どちらも初心者、10代に多く見られる症状で、詰まったフォームと過度なトレーニングが原因。重症になると完治まで時間がかかるので注意しましょう。

予防法 練習量をコントロールし、ひじに負担をかけ過ぎないように。フォームや打点の乱れを直しましょう。

対処法 痛みが出たら早めに休み、患部を冷やします。周辺のストレッチをしたり、下半身の強化を心がけましょう。

そらした時の痛みがサイン

疲労骨折

ひどくなると長期療養が必要に 痛みを感じたらすぐ病院へ

疲労骨折は、繰り返しの小さな負荷によって生じる骨の損傷で、足の甲やすねなど体のさまざまな場所で起きるもの。なかでも、10代の選手が注意したいのが腰の疲労骨折、腰椎分離症《ようついぶんりしょう》です。

これは水泳やバレーボールなど身体をそらす動作がひんぱんな種目で多く見られます。下半身の筋肉が硬い状態で激しいトレーニングをし、身体をそらしたときに腰の骨同士がぶつかり、徐々に亀裂が入る症状で、ひどくなると骨が折れてしまい、完治まで数か月かかることもあります。

予防法 下半身、おしり、ももの前後を充分にストレッチする。栄養と睡眠をしっかりとり、疲れを次の日に残さないように。

治療法 休養。完治までは痛みの出るトレーニングは行わないこと。

ひざに負担がかかることで起こる

ランナーひざ・ジャンパーひざ

硬い地面に負けない 強い筋肉をつくることで予防を

長距離ランナーやジャンプを繰り返す競技の選手に多く見られる腱の炎症。アスファルトなど地面が硬いところでの長時間のランニングや踏み込む動作は、前ももの筋肉が引っ張られることでひざの負担が大きくなります。その動作を繰り返すことで炎症を起こしてしまいます。

予防法 股関節まわりの筋肉を鍛えて、ひざのぐらつきをなくしましょう。足に合ったシューズを履くことも大切です。

治療法 痛みがあるうちは練習を中断し、冷やします。リハビリ中は周辺の筋肉強化を。足に合った中敷きをシューズに敷くのも効果的。

成長期の代表的なトラブル

オスグッドシュラッター病

やわらかい軟骨の部分で起きる 10代特有の症状

身長が急激に伸びはじめる10代の代表的なスポーツ障害で、ひざのやわらかい成長軟骨、脛骨粗面に腫れや痛みが出る症状です。ひざの軟骨が前ももの筋肉に引っ張られることで痛みが起こり、サッカーやバスケットなど、走る･止まるといった前ももに負担がかかる動作を繰り返す競技に多く見られます。骨の成長するスピードに比べ、筋肉の成長が追いつかないことによる、ストレスも原因のひとつです。ひどくなると軟骨が増殖して、ひざの下部がふくらむこともあります。

また、かかとや内くるぶしの下の方に痛みを生じる場合もありますが、これはオスグッドと同様の原因が考えられます。

オスグッドは成長期が過ぎ、骨の成長が止まるころには、自然に痛みが軽くなることも特徴です。

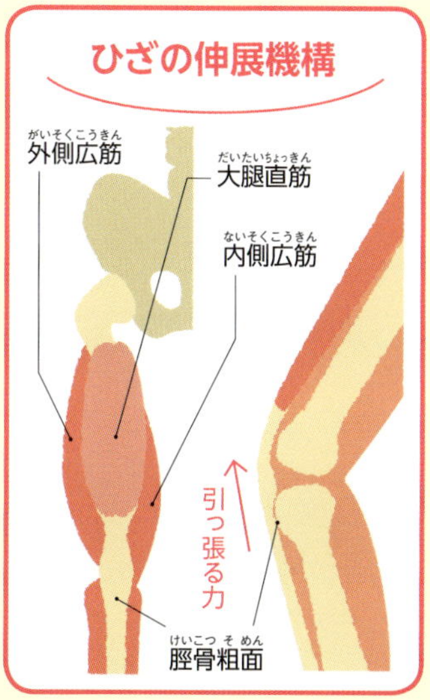

予防法 ストップやジャンプをした時にひざがぐらつかないような身体をつくることがいちばんの予防法です。そのためには股関節まわりの筋肉を鍛えることと、ウォーミングアップとクールダウンのストレッチをし、身体の柔軟性を高めることが重要です。太ももの筋肉の柔軟性が増せば、ひざにかかる牽引力《けんいんりょく》が弱まり、炎症が起きにくくなるのです。

おすすめのストレッチは、股関節を伸ばした状態でつま先をつかんで大腿四頭筋を伸ばすもの。ウォーミングアップでは、動的ストレッチも加えるとよいでしょう。左はサッカーの動的ストレッチで、実際の動きに近い動作を、軽く勢いをつけて行います。

静的ストレッチ

動的ストレッチ

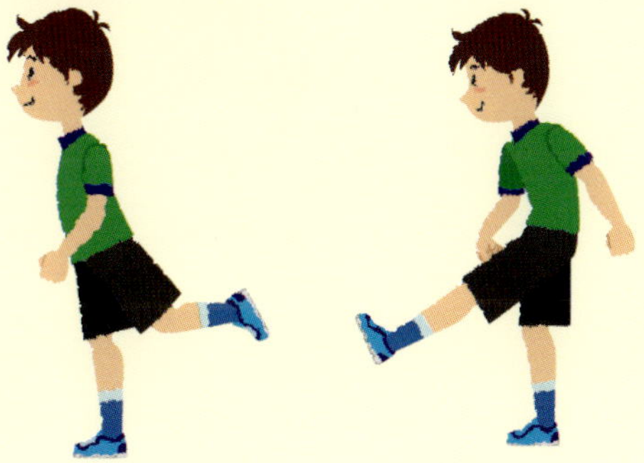

治療法 翌日まで痛みが引かない状態の場合はトレーニングを中止し治療に専念するか、痛い場所を使わないトレーニングをします。練習中のみ痛む程度なら、練習後に患部を冷やし、周辺の筋肉をよくストレッチしてケアしましょう。

自分に合ったシューズを履こう！

シンスプリント

足のアライメントの乱れに注意
オーダーした中敷きで予防も

　陸上の短距離選手や野球選手など、走り込みが多い選手に多い症状で、すねの骨の内側の下方1/3部分が炎症します。トレーニングで走る量が増えた時に発症しやすく、すねの内側あたりに不快感や軽い鈍痛があるのが初期症状。最初は運動中にしか症状が出ませんが、だんだんと進行し、最終的に日常生活などの軽い動きにも痛みが伴うようになります。我慢してトレーニングを続けると、骨膜炎《こつまくえん》から疲労骨折につながることもあるので、痛みを感じたらすぐに医療機関で受診しましょう。

　シンスプリントは足のアライメント、内側・外側・横の3つのアーチが乱れることで足の機能が低下して起こります。また、アスファルトなど硬い地面の上での走り込み、間違ったフォーム、練習のし過ぎなども原因に。足のアーチやランニングフォーム、練習内容などを見直しましょう。

足の3つのアーチ

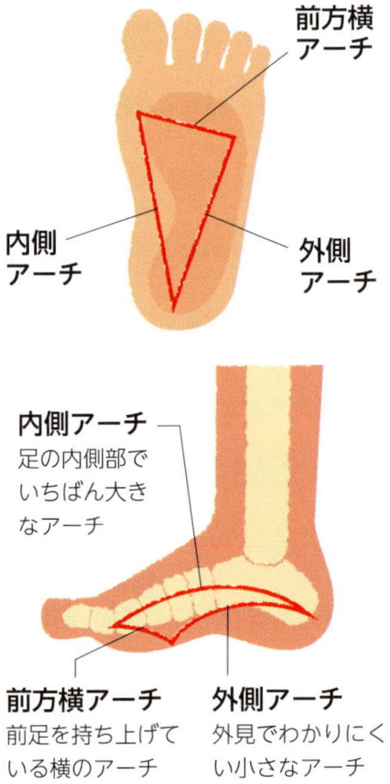

予防法　まずは、足を支える3つのアーチの乱れを直して、足の機能を補強します。しっかり足を支えてくれる機能がついていて、足の形に合ったシューズを履きましょう。また、やわらか過ぎるシューズはさけ、きちんと足を守ってくれるものを選びましょう。

　足の指がうまく使えないこともシンスプリントの原因。アライメント強化のためにも、日頃から足の指を広げたり閉じたりするグーパー運動を行いましょう。

治療法　痛みを感じたらよく冷やすようにします。ふくらはぎと足の裏の筋肉をストレッチしてよくほぐし、足の指のグーパー運動などをするようにします。医療機関などで足の形に合ったインソールを作成すると、ぐらつきが治まり、症状が改善します。

骨と関節の症状を予防・回復させるのに 必要な栄養素

成長期は強い身体をつくる大切な時期。予防・回復のことも考えながら、充分な栄養をとりましょう。補食もバランスを考えてチョイスして。

成長期の身体をつくることまで意識してたっぷりとる

骨と関節の症状を予防・回復するためには、骨をつくるたんぱく質と、ビタミンD、カルシウムを充分にとるように心がけましょう。これらは成長期のため、予防・回復だけでなく、身体をつくるためにも多くとりたい栄養素。3度の食事だけでなく、補食にも積極的に取り入れて。牛乳やヨーグルトなど乳製品は、たんぱく質とカルシウムが手軽にとれるのでおすすめです。鶏の手羽元・手羽先、軟骨に含まれる、関節や腱をつくるコラーゲンも重要な栄養素です。

そのほか、骨の分解を抑えるコンドロイチン、軟骨をつくるグルコサミンもとりましょう。コンドロイチン、グルコサミンは山いも、おくらなどのネバネバした成分に多く含まれています。

必要な栄養素

たんぱく質
ビタミンD
カルシウム
コラーゲン

手羽先

小魚アーモンド

ヨーグルト

ほかにも注意したい 骨と関節の症状

骨のやわらかいうちは大人より注意が必要

紹介した症状のほかにも、10代スポーツ選手が注意したい症状はまだあります。

テニスなど、腰のひねりを頻繁に行う競技で多いのが**椎間板《ついかんばん》ヘルニア**。前屈した時に背骨に痛みを感じたり、脚にしびれを感じたりするものです。重症化するとまっすぐに立てなくなり、手術が必要な場合も。背筋や腹筋を強化して予防しましょう。

そのほか、球技の選手に多い**半月板《はんげつばん》の損傷**は、ひざをひねったときにひざ内部の半月板が損傷するもの。一定期間は休養し、手術することも。ひざが曲がらない、伸びないなど違和感を覚えたら医療機関へ行きましょう。

また、足首の捻挫は非常に多いケガで、関節や軟骨がやわらかい成長期は、じん帯の剥離骨折につながることも多く注意が必要です。重症化すると軟骨障害から関節遊離体になることもあります。軽く考えず、しっかりと治すように心がけましょう。

豆腐＋豚肉のWたんぱく質に
疲労回復食材をプラス！

麻婆丼

568 kcal

材料（2人分）

ごはん280g／木綿豆腐200g／豚ロース肉200g／にんにく、しょうが、唐辛子各適量／あさつき60g／ごま油小さじ2／A［コチュジャン大さじ2／トウバンジャン、しょうゆ、酒各小さじ2／鶏ガラスープ小さじ1］／水溶き片栗粉適量

作り方

❶豆腐は1cm角に、豚肉は食べやすい大きさに切る。にんにく、しょうがはみじん切りに、唐辛子は種を除いて小口切りにする。あさつきは小口切りにする。

❷フライパンにごま油を熱し、にんにく、しょうが、唐辛子、豚肉、豆腐の順に加えて強火で炒め、火が通ったらAを加えて混ぜる。

❸水溶き片栗粉を❷に加え、とろみをつける。

❹器にごはんを盛り、❸をのせ、あさつきを散らす。

one point　絹豆腐よりも木綿豆腐の方が、骨強化のための栄養素が多く含まれます。骨の症状を緩和したい時は木綿豆腐を選ぶようにしましょう。

タコライス

451 kcal

材料（2人分）

ごはん280g／たまねぎ100g／にんにく1片／トマト100g／チーズ30g／レタス2枚／油適量／豚ひき肉100g／塩、こしょう、酒、各少々／しょうゆ大さじ2／ケチャップ大さじ4／砂糖少々

作り方

❶たまねぎは薄切り、にんにくはみじん切り、トマト、チーズは1cm角に切り、レタスは食べやすい大きさに切る。

❷フライパンに油を熱し、にんにくを入れ、香りが出たらたまねぎを加えて強火で炒める。ひき肉を加えてさらに強火で炒め、塩、こしょう、酒を入れ、半分量のトマトを加えてさっと炒める。

❸❷にしょうゆ、ケチャップ、砂糖を加えて味を調えて火を止める。

❹炊いたごはんを器に盛り、レタスを敷いて、❸とチーズ、残りのトマトをのせる。

リハビリで疲れた身体も
回復できる組み合わせ

one point　肉と野菜で栄養バランスも◎。骨を強化したい時は、カルシウムとたんぱく質を多く含むチーズをプラスするとさらに効果的です。

ベジタブルチャーハン

415 kcal

材料（2人分）

ごはん300g／ピーマン50g／パプリカ（赤・黄）各20g／セロリ20g／にんにく1片／豚もも薄切り肉100g／油適量／塩、こしょう各少々／中華だし小さじ2／桜えび10g／いりごま大さじ2

作り方

❶ピーマン、パプリカは千切りに、セロリとにんにくは薄切り、豚肉は食べやすい大きさに切る。
❷フライパンに油を熱し、豚肉とにんにくを加えて色が変わるまで強火で炒める。
❸❷にごはんとすべての野菜を加えてさらに炒め、塩、こしょうと中華だしで味を調える。
❹桜えびといりごまをかけて食べる。

one point　桜えびは常備しておくと便利なミネラル補給アイテムです。炒めたり、煮物や汁物に加えたりして上手に使いましょう。

ミネラル＆ビタミンが含まれた野菜たっぷりチャーハン

酢の力でカルシウムの吸収をアップ！

桜えび稲荷寿司

607 kcal

材料（2人分）

ごはん320g／にんじん20g／しいたけ4枚／油揚げ3枚／A［しょうゆ大さじ4／みりん大さじ2／三温糖大さじ2］／酢大さじ4／三温糖小さじ2／塩少々／桜えび10g／すりごま大さじ2

作り方

❶にんじんは薄切りにする。
❷しいたけは水に浸けて戻す。
❸油揚げは熱湯をかけて油抜きをしたら半分に切り、袋状に開く。
❹鍋に❷を入れ、Aと❶、❸を加えて材料がやわらかくなるまで弱火で煮る。
❺❹の中からにんじんとしいたけをとり出し、千切りにする。
❻ごはんと酢、三温糖、塩、❺を混ぜ合わせる。
❼油揚げに❻を入れたら、桜えびとすりごまをかける。

one point　体重増加を防ぐため、油揚げの油抜きはしっかり行いましょう。食事だけでなく、補食にもぴったりの一品です。

豆乳とほうれん草の鉄が
毎日のリハビリを支える！

牛乳と豆乳のスープパスタ

634 kcal

材料（2人分）

スパゲッティ160g／鶏むね肉200g／ほうれん草100g／オリーブオイル、バター各小さじ1／調整豆乳1.5カップ／牛乳1カップ／コンソメ小さじ1／塩、こしょう各少々

作り方

❶スパゲッティは表示時間通りにゆでる。
❷鶏肉、ほうれん草は食べやすい大きさに切る。
❸フライパンにオリーブオイルとバターを熱し、鶏肉を強火で炒める。火が通ったら、ほうれん草を加え、さっと炒める。
❹❸に豆乳、牛乳、コンソメを加えて中火でひと煮立ちさせ、塩、こしょうで味を調える。
❺器に❶を盛り、❹をかける。

one point 練習量が少ない場合は、牛乳は低脂肪牛乳を使うことをおすすめします。エネルギーの過剰摂取に気をつけましょう。

野沢菜と納豆そぼろパスタ

449 kcal

材料（2人分）

スパゲッティ160g／なす1/2本／油小さじ1／野沢菜60g／じゃこ6g／納豆（ひきわり）2パック／しょうゆ小さじ4／かつおぶし2g／いりごま小さじ2

作り方

❶スパゲッティは表示時間通りにゆでる。
❷なすは食べやすい大きさに切る。
❸フライパンに油を熱し、なすを炒めたら、野沢菜とじゃこ、納豆、しょうゆを加えて炒める。
❹❸に❶を入れてよく混ぜる。
❺皿に盛り、かつおぶしとごまをかける。

one point 骨を強くしたい時は、粒タイプの納豆よりもひきわり納豆のほうがビタミンKが多く含まれるのでおすすめです。

納豆の骨を強くするビタミンで
回復を早めます

水きりヨーグルトフルーツ添えフレンチトースト

507 kcal

水きりヨーグルトは
低カロリー&骨を強化！

材料(2人分)

バゲット80g／無糖ヨーグルト160g／A［卵2個／牛乳20ml／はちみつ大さじ1］／バター大さじ1／はちみつ大さじ1／いちご4個／ブルーベリー20粒／バナナ1本／ミント適宜

作り方

❶ボウルの上に置いたざるに、キッチンペーパーを3枚重ねてヨーグルトをのせ、ラップをして冷蔵庫で一晩置いたら水気をきる。
❷バゲットをAに浸しておく。
❸フライパンにバターを熱し、❷を表面がカリッとするまで中火で焼く。
❹❶とはちみつを混ぜる。
❺皿に❸を盛り、❹をかけ、いちご、ブルーベリー、バナナ、ミントを飾る。

one point ヨーグルトは生クリームに比べて低カロリー。合わせる果物を変えるなど、アレンジして楽しみましょう。

ハムチーズのサラダドッグ

458 kcal

パンにはさんで
野菜も食べやすく

材料(2人分)

ドッグパン2本／ハム100g／ミニトマト10個／たまねぎ60g／カマンベールチーズ60g／A［レモン汁大さじ4／はちみつ大さじ2／塩、こしょう各少々／酢大さじ2］／サニーレタス4枚

作り方

❶ハムは千切り、ミニトマトは半分に切る。たまねぎは薄切り、カマンベールチーズは小さめに切る。
❷ボウルに❶とAを入れてよく混ぜる。
❸ドッグパンにレタスと❷をはさむ。

one point ドッグパンをミネラルの多い胚芽パンなどで代用すると、ミネラルを補給することができます。

海鮮焼きそば

576 kcal

焼きそばにシーフードを使えば、
高たんぱく・低脂肪に！

one point シーフードミックスは冷凍庫に常備しておくと便利な食材。鉄が豊富なあさり、タウリンが多いえび、いかが含まれています。

材料（2人分）

中華麺2玉（260g）／にんにく1片／キャベツ100g／にら60g／油小さじ1／シーフードミックス（冷凍）200g／水適量／鶏ガラスープの素小さじ1／塩、こしょう各少々

作り方

❶にんにくはみじん切りにする。キャベツは食べやすい大きさに、にらは3cm長さに切る。

❷フライパンに油を熱し、にんにくを強火で炒める。香りが立ったら、シーフードミックスを加えて炒める。

❸❷に中華麺、キャベツ、にらを加え、さらに炒める。全体に火が通ったら、水と鶏ガラスープの素を入れてフタをし、水気がなくなるまで中火で蒸し焼きにする。

❹フタをとり、塩、こしょうで味を調える。

豆腐とろろそば 温玉のせ

447 kcal

材料（2人分）

そば1・1/3玉／おくら2本／とろろいも200g／木綿豆腐100g／かつおぶし2g／水2カップ／めんつゆ適宜／温泉卵2個

作り方

❶そばは表示時間通りにゆでる。

❷おくらは小口切りにする。

❸すり鉢にとろろいもと豆腐を入れてすりつぶし、かつおぶしを加える。

❹鍋に水とめんつゆを入れて中火にかけ、汁をつくる。

❺器にそばを盛り、❹をかけたら、❷と❸、温泉卵をのせる。

one point 暑くて発汗の多い時期は、汁の塩分を少し高めにするとよいでしょう。とろろいもとおくらは、夏バテにも効果があります。

いつものとろろに
豆腐を混ぜて骨を回復

えび入りお好み焼き

507 kcal

材料（2人分）

桜えび20g／キャベツ100g／豚ロース薄切り肉100g／小麦粉80g／溶き卵2個分／水1カップ／油小さじ2／とけるチーズ40g／（好みで）中濃ソース適量

作り方

1. キャベツは千切りにし、豚肉は食べやすい大きさに切る。
2. ボウルにキャベツ、桜えび、小麦粉、溶き卵、水を入れてよく混ぜる。
3. フライパンに油を熱し、豚肉を強火で炒め、肉の色が変わったら❷を流し入れ、弱火で片面に焦げ目がつくまで焼く。
4. 裏返してチーズをのせ、さらに弱火で焼く。好みで中濃ソースをかけて食べる。

one point　豚肉に含まれるビタミンB_1が激しい練習で蓄積した疲労を回復させます。同時に桜えびでカルシウムを、小麦粉でエネルギーとなる糖質をチャージ。

練習の疲れをとり除き、
試合に向けてエネルギー補給！

缶詰を使えば、
味付けなしで簡単につくれる！

さば缶としょうがのごまめし

444 kcal

材料（2人分）

ごはん280g／しょうが1片／大葉2枚／さば缶160g／いりごま大さじ2／青のり少々

作り方

1. しょうがと大葉は千切り、さば缶の身はほぐす。
2. ボウルにごはんを入れ、大葉以外のすべての材料を混ぜる。
3. 茶碗に❷を盛り、大葉をのせる。

one point　缶詰は、旬のものを加工していることが多いので、栄養価が高いのが特徴です。時間がない時のために常備しておくと便利です。

生クリームを使わず
牛乳だけでつくるのがカギ！

マカロニグラタン

377 kcal

材料（2人分）

マカロニ40g／たまねぎ60g／じゃがいも100g／えび200g／バター小さじ2／塩、こしょう各少々／牛乳1カップ／コンソメ2個／とけるチーズ40g／パセリ少々

作り方

❶たまねぎは薄切り、じゃがいもは3cm角に切る。
❷マカロニは表示時間通りにゆでる。じゃがいもはやわらかくなるまでゆでる。
❸フライパンにバターを熱し、たまねぎ、じゃがいも、えびを強火で炒めて塩、こしょうをする。
❹❸にマカロニと牛乳、コンソメを入れて弱火にかけ、5～10分煮る。
❺耐熱皿に❹を入れて、チーズをのせ、220～230℃のオーブンで15～20分焼き、刻んだパセリをのせる。

one point　エネルギーを補給したい時は、マカロニとじゃがいもの量を多くしましょう。

豚のピザ風

325 kcal

材料（2人分）

豚ロース薄切り肉200g／塩、こしょう各少々／パプリカ（赤・黄）各20g／トマト100g／ブロッコリー40g／油小さじ1／とけるチーズ60g

作り方

❶豚肉に塩、こしょうをする。
❷パプリカ、トマト、ブロッコリーは小さめに切る。
❸フライパンに油を熱し、❶を強火で両面さっと焼いたら、❷とチーズをのせて全体に火が通るまで中火で焼く。

one point　ほかの肉や魚を使ってもOK。野菜の量を増やすことで、栄養価がアップするのでいろいろな野菜でアレンジしてみましょう。

子どもが大好きな
ピザの味を主菜でも！

骨付き肉の大豆煮込み

347 kcal

材料（2人分）

手羽先6本／しょうが1片／あさつき10g／油小さじ1／A［水1カップ／黒酢60ml／しょうゆ大さじ2／はちみつ大さじ2］／大豆（ゆで）80g／唐辛子（小口切り）少々

作り方

❶しょうがは千切り、あさつきは小口切りにする。
❷鍋に油を熱し、しょうがと手羽先を入れてさっと炒める。
❸❷にAと大豆、唐辛子を加えてさらに弱火で煮込む。
❹皿に盛り、あさつきを散らす。

one point 骨付き肉はよく煮込むことで、コラーゲンがとれるので、調理の際はじっくり火を入れましょう。豆と肉でバランスのよい一品に。

黒酢で
カルシウムの吸収をアップ！

トマトすき焼き

448 kcal

しいたけのビタミンDで
カルシウムの吸収を高める

材料（2人分）

牛ロース肉200g／しらたき60g／しいたけ4枚／麩20g／トマト200g／キャベツ40g／A［水1・1/3カップ／しょうゆ大さじ1・1/3／みりん大さじ1／三温糖小さじ2／酒大さじ1／和風だし小さじ1］

作り方

❶材料は食べやすい大きさに切る。
❷鍋にAを入れて中火にかける。
❸❷に❶を入れて、材料がやわらかくなるまで弱火で煮込む（牛肉としらたきは離す）。

one point しいたけや麩の量を増やせば、エネルギー過多にならずに骨強化が期待できます。お好みで調整してみましょう。

シーフードには強い身体づくりに欠かせないアミノ酸がたっぷり！

魚介のケチャップ炒め

243 kcal

材料（2人分）

シーフードミックス（冷凍）200g／ホタテ（貝柱）4個／白菜200g／トマトの水煮（缶詰）100g／油適量／コンソメだし少々／ケチャップ大さじ4／塩、こしょう各少々

作り方

❶白菜はひと口大に切る。

❷フライパンに油を熱し、解凍したシーフードミックス、ホタテ、❶を強火で炒める。

❸❷に火が通ったら、トマトの水煮、コンソメ、ケチャップ、塩、こしょうを加えて味を調える。

one point 骨をつくるのはカルシウムだけではありません。高たんぱく質のシーフードミックスは骨の強化におすすめです。

いかのキムチ炒め

236 kcal

材料（2人分）

いか300g／チンゲン菜3株（300g）／キムチ200g／油小さじ2／にんにく（みじん切り）1片

作り方

❶いかは内蔵と軟骨を除いて食べやすい大きさに切り、包丁で表面に斜めに切り目を入れる。

❷チンゲン菜とキムチは食べやすい大きさに切る。

❸フライパンに油を熱し、にんにくを香りが立つまで強火で炒める。

❹❸にいかを加えて炒め、火が通ったら、チンゲン菜とキムチを加えてさらに強火で炒める。

いかで疲労回復効果のあるタウリンを摂取！

one point チンゲン菜の量を増やせば、エネルギーはほぼそのままでミネラルのアップにつながります。ごはんにも合うので食欲増進にも◎！

白玉の干しえび大根餅

294 kcal

材料（2人分）

干しえび大さじ2（4g）／えびもどし汁1/2カップ／大根100g／するめいか60g／白玉粉50g／片栗粉大さじ2／はちみつ小さじ2／塩、こしょう各少々／ごま油大さじ2／あさつき6g

作り方

❶干しエビを水でもどす（もどし汁も使う）。
❷大根を2cm角に切り、600Wの電子レンジで3～4分程加熱する。
❸ボウルにごま油、あさつき以外のすべての材料を入れて混ぜる。
❹ごま油を熱したフライパンに❸を平らに敷いて火が通るまで弱火で焼く。
❺❹を適当な大きさに切って皿にのせ、斜め切りにしたあさつきを散らす。

one point 大根餅はひっくり返しにくいので、いったん皿にうつしてから裏側を焼くと、きれいな仕上がりになります。

白玉粉で腹持ちがよく
補食にもおすすめ！

タルタルソースも
作り方次第で骨強化に

サーモンのタルタルかけ

266 kcal

材料（2人分）

さけ200g／塩、こしょう各少々／卵2個／パセリ適量／牛乳大さじ2／ケチャップ大さじ2／マヨネーズ小さじ2／サラダ菜2枚

作り方

❶さけに塩、こしょうをふり、魚焼きグリルで両面を火が通るまで焼く。
❷ゆで卵をかためにつくる。
❸❷とパセリはみじん切りにする。
❹ボウルに❸と牛乳、ケチャップ、マヨネーズを加えてよく混ぜる。
❺皿にサラダ菜を敷き、❶をのせて❹をかける。

one point 余計なエネルギーをとらないように、マヨネーズは低カロリーのものを使用したり、量を控えたりしましょう。

血液も骨もこれ一品で強化できる
おすすめメニュー

キッシュ

335 kcal

材料（2人分）

卵2個／ほうれん草100g／牛乳1カップ／A［とけるチーズ60g／バター大さじ1／マヨネーズ小さじ2／塩、こしょう各少々］

作り方

❶ほうれん草は3cmの長さに切る。
❷フッ素樹脂加工のフライパンで❶をさっと炒める。
❸耐熱皿に卵、牛乳、❷、Aを入れ、よく混ぜ合わせる。
❹約200℃のオーブンで❸を10分焼く。

one point　材料はあらかじめ混ぜておき、容器に入れて冷蔵庫で保存。忙しくても理想的な朝食をつくれます。

鶏と豆腐のハンバーグ おろしポン酢かけ

211 kcal

材料（2人分）

木綿豆腐100g／A［鶏ひき肉100g／たまねぎ100g／豆乳大さじ2／生パン粉10g／塩、こしょう各少々］／油小さじ1／大根100g／ポン酢大さじ4／かいわれ大根40g

作り方

❶豆腐はさっと洗い、よく水気をきる。
❷ボウルに❶とAを入れて豆腐をつぶしながらよく混ぜ、2個分楕円形に成形する。
❸フライパンに油を熱し、❷を中火で両面焼く。
❹大根はすりおろし、ポン酢を混ぜておく。
❺皿に❸を盛り、❹をかけてかいわれ大根を添える。

one point　ポン酢だけでなく、さらに酢を加えれば、カルシウムの吸収アップになります。酸っぱいものが好みならアレンジしてみましょう。

高たんぱく低脂肪の組み合わせが
骨の回復につながる！

枝豆とじゃこの落とし揚げ

410 kcal

材料（2人分）

枝豆むき身（ゆでたもの）100g／卵1個／A［水1/2カップ／小麦粉1/3カップ／塩少々］／ちりめんじゃこ20g／いりごま（黒）小さじ2／揚げ油適量／（あれば）かぼす適量

作り方

❶ボウルに卵を割りほぐし、Aを入れて混ぜる。
❷❶に枝豆、ちりめんじゃこ、いりごまを加えて混ぜる。
❸❷を適量スプーンですくい、約180℃の油で揚げる。
❹器に❸を盛り、くし型に切ったかぼすを添える。

枝豆は疲労回復の優等生。
じゃこでカルシウムも補給！

one point 柑橘類のものを絞ることで揚げ物をさっぱり食べることができます。かぼすがない時は、レモンなどのほかの柑橘類で代用してもOK。

納豆春巻き

392 kcal

材料（2人分）

ひきわり納豆4パック／しょうゆ、酢各大さじ2／春巻きの皮2枚／揚げ油適量

作り方

❶ボウルに納豆、しょうゆ、酢を入れて混ぜ合わせる。
❷春巻きの皮に❶をのせて巻く。
❸❷を約180℃の油でカラッと揚げる。

カルシウムを骨に変える
ビタミンKを納豆で補給！

one point 納豆が苦手な人も、巻いたり揚げたりすることで食べやすくなります。たんぱく質がしっかりとれる一品です。

意外な組み合わせが
骨強化につながる

チーズとザーサイのサラダ

108 kcal

材料（2人分）

味つきザーサイ40g／レタス2枚（20g）／角チーズ（2種類）60g／パセリ4g

作り方

❶ザーサイとレタスは小さめに切り、チーズはサイコロ状に、パセリはみじん切りにする。

❷ボウルにすべての材料を入れてよく混ぜる。

one point チーズはプロセスチーズよりも、ナチュラルチーズのほうが菌が生きているのでおすすめです。

くらげのらっきょうあえ

56 kcal

材料（2人分）

くらげ40g／かにかま4本（40g）／らっきょう漬け4個／ごま油小さじ1

作り方

❶くらげは水で戻す。

❷かにかまは手で割き、らっきょう漬けは薄切りにする。

❸ボウルにすべての材料を入れてよく混ぜる。

one point かにかまは、なるべく原材料をチェックして、たんぱく質が多く含まれているものを選ぶと、骨強化につながります。

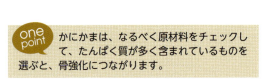

らっきょう漬けの味だけで
簡単につくれる！

シーフードサラダ

327 kcal

材料（2人分）

シーフードミックス（冷凍）100g／トマト小１個(80g)／たまねぎ60g／にんにく1片／亜麻仁油（またはオリーブオイル）大さじ４／バルサミコ酢大さじ４／牛乳大さじ1･1/3／無糖ヨーグルト大さじ1･1/3／塩、こしょう各少々／ベビーリーフ60g

作り方

❶シーフードはゆでておく。
❷トマト、たまねぎは食べやすい大きさに、にんにくはすりおろす。
❸ボウルにベビーリーフ以外のすべての材料を入れてよく混ぜる。
❹器にベビーリーフを入れ、❸をのせる。

one point 乳製品が豊富なドレッシングをサラダに使えば、骨の強化や回復が手軽にできます。さっぱりと食べやすいのもポイントです。

ドレッシングで
無理なく骨の強化に！

ケガの回復に欠かせない
緑黄色野菜をたっぷりと！

緑黄色アンチョビサラダ

115 kcal

材料（2人分）

パプリカ（赤・黄）各40g／にんじん20g／かいわれ大根20g／アンチョビ40g／亜麻仁油（またはオリーブオイル）小さじ２／レモン汁小さじ２

作り方

❶パプリカ、にんじん、かいわれ大根、アンチョビはそれぞれ食べやすい大きさに切る。
❷ボウルにすべての材料を入れてよく混ぜる。

one point レモンなどの柑橘類に含まれる酸味はクエン酸です。ほかの食材と合わせることで、カルシウムの吸収がアップ！

切干大根と塩昆布サラダ

60 kcal

材料（2人分）

切干大根10g／塩昆布10g／ミックスビーンズ20g／いりごま小さじ1

作り方

❶切干大根は水で戻し、食べやすい大きさに切る。
❷ボウルにすべての材料を入れてよく混ぜる。

one point 切干大根は常備しておきたいアイテムのひとつ。ミネラル補給に最適なので、いろいろな料理にアレンジして食べましょう。

きのこのイタリアン風

136 kcal

材料（2人分）

えのきだけ60g／まいたけ60g／鶏むね肉120g／にんにく1片／油小さじ1／塩、こしょう各少々／トマト（缶詰）の汁100ml／コンソメ小さじ1／かいわれ大根適宜

作り方

❶えのき、まいたけは石づきを取って、食べやすい大きさに切る。鶏肉は食べやすい大きさに切る。にんにくはみじん切りにする。
❷フライパンに油を熱し、にんにくを香りが立つまで中火で炒める。鶏肉を加えてさらに炒め、塩、こしょうで味を調える。
❸❷にえのき、まいたけ、トマト（缶詰）の汁、コンソメを入れ、弱火でひと煮立ちさせる。
❹器に❸を盛り、かいわれ大根を飾る。

たんぱく質の吸収をサポート！

one point 練習量が少ない時は鶏肉の量を減らし、カロリーの低いきのこの量を増やしましょう。

ネバネバ効果で
骨も強くなる！

おくらといかの豆板醤あえ

103 kcal

材料（2人分）

おくら4本／いか80g／いりごま大さじ2／豆板醤小さじ2／酢小さじ2／しょうゆ小さじ2

作り方

❶おくらは輪切り、いかは食べやすい大きさに切る。
❷ボウルにすべての材料を入れてよく混ぜる。

うなぎナムル

237 kcal

材料（2人分）

うなぎ100g／ほうれん草40g／もやし80g／すりごま大さじ2／うなぎのタレ大さじ2

作り方

❶うなぎは短冊切りに、ほうれん草は3cmの長さに切る。
❷ほうれん草ともやしをさっとゆでる。
❸ボウルにすべての材料を入れてよく混ぜる。

うなぎの皮も細く切り、
コラーゲンをとりやすく

一晩おくことで、野菜がしんなりして
食べやすくなる！

ピクルス

45 kcal

材料（2人分）

大根40g／キャベツ60g／にんにく1片／A［唐辛子適宜／塩小さじ2／酢100ml／水150ml］／ミニトマト10個

作り方

❶大根とキャベツは食べやすい大きさに、にんにくは薄切りにする。
❷フタのついた容器にAを入れてよく混ぜたら、❶とトマトを加えて一晩おく。

スープの食材をひと工夫するだけで骨をしっかりサポート!

汁物

豆腐より高野豆腐を使うことで

チンゲン菜と卵の味噌汁

154 kcal

材料（2人分）

チンゲン菜60g／高野豆腐20g／だし汁2カップ／味噌24g／卵2個

作り方

❶チンゲン菜は3cmの長さに、高野豆腐はひと口大に切る。

❷鍋にだし汁と高野豆腐を入れて中火にかける。

❸さらにチンゲン菜を入れたら味噌を溶かし、割りほぐした卵を回し入れて火を止める。

納豆きのこ汁

144 kcal

材料（2人分）

納豆2パック／油揚げ20g／えのきだけ20g／だし汁2カップ／味噌24g

作り方

❶油揚げは熱湯をかけて油きりをしたら細切りし、えのきは石づきを取って、3cmの長さに切る。

❷鍋にだし汁を入れ、沸騰したらえのきを加える。

❸さらに納豆と油揚げを入れて、味噌を溶かす。

大豆製品を汁物に加えて
骨の回復を促す

すりごまプラスで
栄養価も風味もアップ！

さけの豆乳黒ごま味噌汁

239 kcal

材料（2人分）

さけ100g／小松菜40g／豆乳300ml／酒大さじ2／みりん小さじ1／すりごま大さじ2／味噌24g

作り方

❶さけは食べやすい大きさに、小松菜は細かく切る。

❷鍋を火にかけてさけをさっと炒めたら、豆乳と酒、みりんを加える。

❸❷に小松菜とすりごまを入れたら、味噌を溶かす。

低脂肪牛乳でつくるのがポイント

アスパラクリームスープ

89 kcal

材料(2人分)

アスパラガス100g／たまねぎ60g／牛乳1カップ／コンソメ2g／塩、こしょう各少々

作り方

❶アスパラガスとたまねぎ、牛乳をミキサーにかける。
❷鍋に❶とコンソメ、塩、こしょうを入れて中火にかける。
❸煮立ったら器に盛る。

クラムチャウダー

120 kcal

材料(2人分)

シーフードミックス(冷凍)100g／牛乳1・1/2カップ／塩、こしょう各少々／パセリ少々

作り方

❶鍋に牛乳を入れて火にかけ、沸騰したら弱火にして解凍したシーフードミックスを入れ、火が通るまで煮る。
❷塩、こしょうで味を調え、刻んだパセリをふる。

魚介類のタウリンが
練習の疲れをとってくれる！

手羽元はよく煮込んで

参鶏湯風スープ

220 kcal

材料(2人分)

手羽元4本／長ねぎ100g／にんにく1片／しょうが1片／あさつき10g／米大さじ2／酒大さじ1／鶏ガラスープ1カップ

作り方

❶長ねぎとにんにく、しょうがは大きめに切る。あさつきは小口切りにする。
❷鍋にあさつき以外のすべての材料を入れて、具がやわらかくなるまで弱火で煮る。
❸器に盛り、あさつきを散らす。

乳製品をとり入れることで骨を強化！

さつまいもに含まれる
食物繊維が便秘解消にも！

スイートポテト&モンブラン

426 kcal

材料（2人分）

さつまいも200g／むき栗100g／牛乳1カップ／スライスアーモンド40g／塩少々

作り方

❶さつまいもをゆでる。

❷❶とむき栗、牛乳をミキサーにかけてなめらかにする。

❸ボウルに❷とスライスアーモンド、塩を加えてよく混ぜる。

one point 体脂肪が気になる時は、牛乳の代わりに低脂肪牛乳を。また、アーモンドの量も控えめにしましょう。

黒ごまババロア

123 kcal

材料（2人分）

黒いりごま10g／粉ゼラチン1g／水大さじ1／牛乳200ml／練乳大さじ2／クコの実適宜

作り方

❶ゼラチンは水でふやかしておく。

❷鍋に黒ごまと牛乳、練乳、❶を加えて混ぜ、沸騰する前に火からおろす。

❸容器に❷を入れてクコの実をのせ、冷蔵庫で3時間程冷やし固める。

one point ゼラチンはコラーゲン。サプリメントを使わなくても、手軽にとることができます。

骨に必要な食材が
たっぷり入ったデザート！

黒糖きな粉ドリンク 176kcal

大豆製品がたっぷりとれる
骨のためのドリンク

材料(2人分)

黒糖大さじ2／調整豆乳400ml／きな粉大さじ4

作り方

❶グラスにすべての材料を入れてよくかき混ぜる。

one point 調整豆乳ではなく無調整豆乳を使うのもおすすめです。きなこの量は、お好みで増やしてもOKです！

ブルーベリーレアチーズ 273kcal

ケガの時は控えがちなデザートも、
これならヘルシーに食べられる！

材料(2人分)

クリームチーズ100g／無糖プレーンヨーグルト60g／はちみつ20g／粉ゼラチン2g／水大さじ1／ブルーベリー160g／はちみつ6g／レモン汁少々／ミント適宜

作り方

❶クリームチーズはやわらくなるまでつぶし、ヨーグルトとはちみつ20gを加える。
❷ゼラチンは水でふやかしておく。
❸鍋にブルーベリーとはちみつ6gを入れてよく混ぜたら火を止め、レモン汁と❷を入れてよく混ぜる。
❹❸に❶を入れてさらによく混ぜたら、冷蔵庫で3時間程冷やし固める。
❺皿に盛り、好みでミントを飾る。

one point エネルギーが気になる時は、クリームチーズの量を少し控えて、プレーンヨーグルトとゼラチンの量を増やしてもよいでしょう。

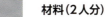

バランスのよい献立にプラスする

補食のとり方・外食のとり方③

必要な栄養素を最適なタイミングでとるために、コンビニエンスストアや外食を上手に利用しましょう。利用方法によっては心強い味方になります。

栄養バランスを考えて かしこくカスタマイズを

　食事でしっかり補給したいものですが、練習場所や遠征先などでは思いどおりに食べられないこともあります。そんな時は、コンビニエンスストアや外食を利用すれば、効果的な回復ができます。

外食するときは…

− ひき算

既成のメニューから、さけたいものを取り除いて食べる方法。外食は脂質をとり過ぎる可能性があるので注意しましょう。

＋ たし算

外食に多い単品メニューに副菜をプラス。主食や主菜に足りない栄養素を加えて、全体の栄養バランスを整えましょう。

チェンジ

気軽に選べる外食では、好きなメニューに偏りがち。選ぶものを少し変えるだけで身体への影響も変わってきます。

コンビニでは…

主食や補食に

コンビニはおにぎりの種類が豊富。栄養表示を確認して、脂質が低く、なるべくたんぱく質の多いものを選びましょう。

＋

たんぱく質、カルシウム

ゆで卵やヨーグルト、枝豆などはたんぱく質を含む食材です。小腹が空いた時におすすめです。

＋

ビタミン・ミネラル

サラダや総菜で補給できますが、油分を多く含むドレッシングには気をつけましょう。

骨と関節の症状を予防・回復させるための 補食・外食のポイント

1

骨はたんぱく質が必要

とりたい食材：卵、納豆、牛乳、ヨーグルト、牛肉、豚肉、鶏肉、お刺身、焼き魚

2

カルシウム、コラーゲン、コンドロイチン、グルコサミンをとる

とりたい食材：うなぎ、手羽先、ゼリー、豚肉、おくら、山いも、小魚

3

ビタミンDをとる、
もしくは日光に当たることでもビタミンDはつくられる

とりたい食材：さけ、うなぎ、さんま、しいたけ、いくら、さば、いわし

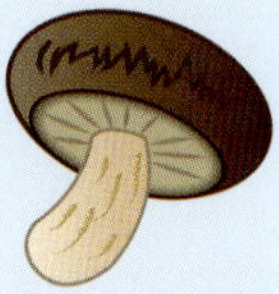

4

腱やじん帯のコラーゲン合成に必要な
ビタミンCをとる

とりたい食材：オレンジ、いちご、パプリカ、パセリ、
レモン、キウイフルーツ、かぶ

5

和食はカルシウム不足になりやすいので、
切干大根や高野豆腐、鶏なんこつをとり入れたり、
乳製品を加えたりするのもよい。
小魚やだしの粉、かつお節などもうまくとり入れる

とりたい食材：チーズ、牛乳、ヨーグルト、ししゃも、
厚揚げ、鶏なんこつ、煮干し

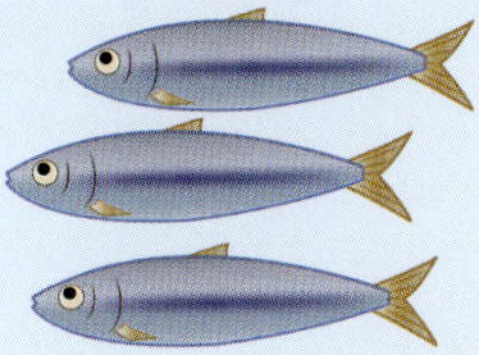

6

関節も体重増加で負荷がかかりやすいので、
体重過多にならないように
脂質のとり過ぎには気をつける

控えたい食材とメニュー：脂身の多い肉、菓子パン、ラーメン、
スパゲッティ（カルボナーラなど）

column 3

ケガをした時の食事の重要性

とるべきものをしっかり とることが回復への近道

ケガをした直後の処置「RICE《ライス》」とともに、栄養も回復には大きく関与し、その後の痛みを軽減することにもつながります。

私は選手をサポートする前に、必ず万が一に備えて、ケガをした直後にとるものとさけるものを、サプリメントを含めてあらかじめ教えるようにしています。

ただし、入院中の選手の食事は、残念ながら病院食だけでは不充分な場合も。選手は身体が大きいので、その分のエネルギーをごはん（米）の量で調整してくださっている病院が多いのですが、ケガの回復のためには、エネルギーだけでなく、そのケガに必要な栄養素が必要になります。そのため、選手が入院する際には、必ずあらかじめ入院中のメニューをチェックし、それを選手と見ながらケガに必要な栄養素を説明し、プラスするとよい食材を用意させます。病室の冷蔵庫に常備させ、歩行が困難な選手の場合は、毎日必要な食材を届けたこともありました。

入院でチームを離れるということは、ケガが重傷であればあるほど不安なもの。そういう時の食事の力はケガだけでなく、心の回復にもつながります。「もうサッカーはできないだろう」とまでいわれた選手が、ボールが蹴られるようになり、ピッチに立つ。ひざが痛くて思うようにジャンプできなかった選手が、もう一度思いっきりアタックができる。ブロックができる。

前例がないからといってあきらめず、自分の可能性を信じて努力した選手の結果です。

自分を信じる気持ちや、それを支え信じる人が周りにいることを思い出し、決してひとりではないと感じる。食事にはそんな役割もあります。

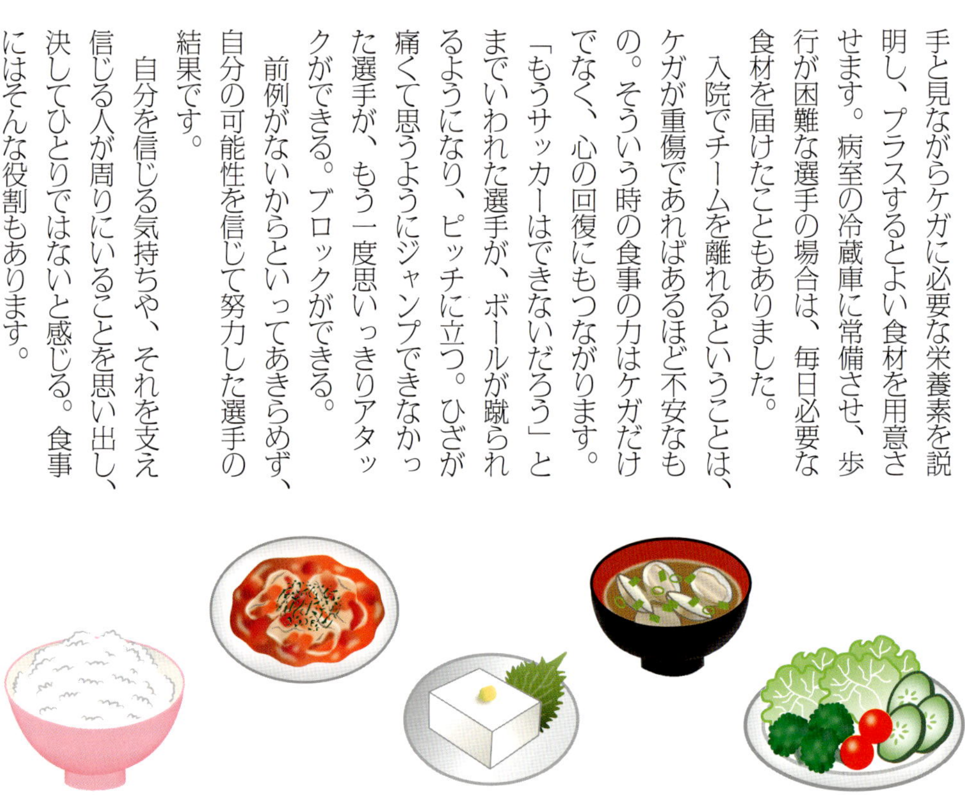

Chapter
5

スポーツ選手の食事のコツ

この章では、試合前後の食事のタイミングや水分補給の重要性、ケガの予防・回復時におすすめの食材について解説します。強い選手を育てるために役立つ情報が満載です。

試合に向けた食事のとり方

持久力アップのためには 試合3日前から準備を

試合でベストなプレーをするためには、試合3日前から当日にかけてグリコーゲンローディングを行うとよいでしょう。これは、食事を炭水化物（糖質）中心にすることで体にグリコーゲン＝エネルギーをためて、持久力をアップする食事方法のことです。持久力がそれほど必要ではない競技や年齢が若い場合は、試合2日前や前日からはじめてもかまいません。

グリコーゲンローディングは、たとえばごはんやパスタ、麺類などの穀類や、フルーツなど、炭水化物（糖質）を多く含むものを中心にとります。

ごはんには、エネルギーを効率よく使うために欠かせないビタミンB_1が多く

グリコーゲンローディングとは？

体にエネルギー（＝グリコーゲン）をためて、持久力をアップする食事方法のこと。
試合３日前〜当日にかけて行います。

例 土曜日が試合の場合

月	火	水	木	金	土	日
		グリコーゲンローディング			試合	

❶普段の1.5〜2倍の炭水化物（糖質）をとる

❷たんぱく質は減らす

❸脂質は控える

❹ビタミンB_1をとる

含まれる、ビタミン強化米を混ぜて炊くのもおすすめです。

脂質をさけて糖質を多めにとる

スパゲッティの場合は脂質を控えた豚赤身肉を使用したミートソースや、油を控えたナポリタン、うどんはもちをのせた力うどんがおすすめ。パンの場合、脂質の高いデニッシュやクロワッサンはさけた方がよいでしょう。

また、野菜では糖質の多いじゃがいもやにんじんなどがおすすめ。

試合前に験を担いでとんかつを食べたり、お弁当に食べやすいからとからあげを持参する小中学生の選手を見かけますが、この時期は油を控えた調理法を選びます。脂質からエネルギーをとるのは胃腸にも負担がかかります。その分を炭水化物（糖質）からとり、消化を考慮して、エネルギーを身体にためましょう。

さらに効果的なグリコーゲンローディング

○主食を２品増やす　○食物繊維などはさける　○油を控える

とりたい食材

控えたい食材

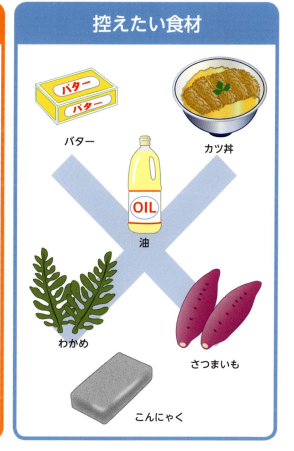

試合前にとるべき食材①

穀類

特徴❶ 穀物の五穀とは、米・麦・あわ・きび(またはひえ)・豆のことをさす

特徴❷ 穀類の主成分は糖質が約70%(エネルギー源)

試合前はごはんをたくさん食べたほうが、試合のパフォーマンスがUP！

理論

穀類の主成分は炭水化物(糖質)

食べた炭水化物(糖質)は、小腸で吸収され、肝臓や筋肉にグリコーゲンとして蓄えられます。

グリコーゲンは車でたとえるとガソリンの役割

車が走るためにガソリンが必要なように、人間もグリコーゲンがあることで動くことができます。穀類はガソリンの宝庫なのです。

・おもな穀類の栄養価(100gあたり)　※下記に掲載した栄養素で、数値がいちばん高いものを太字にしています。

		エネルギー(kcal)	たんぱく質(g)	脂質(g)	炭水化物(g)	カルシウム(mg)	マグネシウム(mg)	鉄(mg)	ビタミンB_1(mg)	食物繊維(g)
米	精白米	356	6.1	0.9	**77.1**	5	23	0.8	0.08	0.5
	玄米	350	6.8	2.7	73.8	9	**110**	**2.1**	**0.41**	3.0
パン	食パン	264	9.3	4.4	46.7	29	20	0.6	0.07	2.3
	クロワッサン	**448**	7.9	**26.8**	43.9	21	17	0.6	0.08	1.8
	ライ麦パン	264	8.4	2.2	52.7	16	40	1.4	0.16	**5.6**
	ぶどうパン	269	8.2	3.5	51.1	**32**	23	0.9	0.11	2.2
	フランスパン	279	9.4	1.3	57.5	16	22	0.9	0.08	2.7
麺	中華麺(生)	281	8.6	1.2	55.7	21	13	0.5	0.02	2.1
	うどん(生)	270	6.1	0.6	56.8	18	13	0.3	0.09	1.2
	そば(生)	274	9.8	1.9	**54.5**	18	65	1.4	0.19	2.7
	パスタ(乾)	378	**13.0**	2.2	72.2	18	55	1.4	0.19	2.7

※文部科学省・科学技術・学術審議会資源調査分科会「日本食品標準成分表」より

試合前にとるべき食材②

果物類

特徴① ビタミン、ミネラル、水分を多く含む

特徴② 炭水化物(糖質)を多く含むのでエネルギーの補給にも役立つ

特徴③ 旬の時期は栄養価が高い

理論

◉エネルギー源となる糖質を多く含む

◉コンディションを整える ビタミン、ミネラルが豊富

◉種類や時期によって栄養価が大きく変化

果物には炭水化物(糖質)が含まれます。このことを知らない選手が意外と多く、ビタミンやミネラルをとろうとたくさん食べてしまい、カロリー過多で体脂肪が増える原因になることも。主食でとる炭水化物(糖質)の量を考慮して食べるようにしましょう。

・おもな果物類の栄養価(100gあたり)

※下記に掲載した栄養素で、数値がいちばん高いものを太字にしています。

	エネルギー(kcal)	たんぱく質(g)	炭水化物(g)	脂質(g)	カリウム(mg)	ビタミンC(mg)	食物繊維(g)
りんご	54	0.2	14.6	0.1	110	4	1.5
ブルーベリー	49	0.5	12.9	0.1	70	9	3.3
いちご	34	0.9	8.5	0.1	170	62	1.4
バナナ	86	1.1	**22.5**	0.2	360	16	1.1
オレンジ	35	0.9	11.8	0.1	180	60	1.0
グレープフルーツ	38	0.9	9.6	0.1	140	36	0.6
ぶどう	59	0.4	15.7	0.1	130	2	0.5
アボカド	**187**	**2.5**	6.2	**18.7**	**720**	15	**5.3**
パイナップル	51	0.6	13.4	0.1	150	27	1.5
キウイ	53	1.0	13.5	0.1	290	69	2.5
レモン	54	0.9	12.5	0.7	130	**100**	4.9

※文部科学省・科学技術・学術審議会資源調査分科会「日本食品標準成分表」より

試合後の食事のとり方

試合が終わったら軽い栄養補給を！

試合後に何を食べるかによって、身体の回復は変わります。まずは、練習時と同じように、試合が終わったらすぐに軽めに補給します。これが、疲労回復にもつながります。疲れが身体に残ると、その後の練習でパフォーマンスを発揮できなくなってしまいます。また、身体が万全でないまま練習に臨むと、ケガにもつながりかねません。

試合が終わったら、補食として手軽にとれるものを用意しましょう。試合後は、たとえば発汗で失われた水分を補う意味でも100％果物ジュースや牛乳、豆乳などがおすすめです。

その後の食事は、回復のためにたんぱく質中心のメニューにします。試合前は、グリコーゲンローディングにより、炭水化物中心の食事になっていましたが、終わったらたんぱく質をしっかりとることを意識しましょう。発汗によってミネラルも不足しているので、ミネラル補給もしっかり行いましょう。

また、食事では糖質も大事ですが、食べやすい麺類など、糖質のみにかたよらないように注意。麺類をとる場合は野菜や肉、魚介類をのせるなどして、無理なくほかの食材もとり入れる工夫をしましょう。

鶏肉や豚肉などビタミンBを多く含む食材は疲労を回復させるので、食材として重宝できます。抗酸化力のあるものも試合後どんどんとるようにしましょう。すべての食材において、油を多く使った食品はさけることがポイントです。

試合後の食事4つのポイント

1. 試合後すぐに補食をとる
2. たんぱく質をしっかりとる
3. 食べやすい麺類などの糖質にかたよらないように
4. 抗酸化力のある食材とビタミンB_1で疲労回復をはかる

試合後にとりたい食品・控えたい食品

試合後は消化がよいたんぱく質と炭水化物を含むものをとりましょう。
脂質が高く、炭水化物のみの食材はさけるように注意して。

とりたい食材

控えたい食材

試合後はすぐに次の試合の準備。勝っても負けてもしっかり食べて、今後のパフォーマンスのために準備をしていきましょう。

回復期における役割を知ろう

水分補給の重要性

人間の身体において重要な役割を果たす

よいパフォーマンスをするためには、5大栄養素をしっかりとることが重要ですが、体重の60～70％を占めている水もかかせない成分です。体内の水分が減ると、血液も水分を失いドロドロになります。すると、全身に酸素を運んだり、筋肉にエネルギー源を運んだりするのが困難になってしまうのです。

　また、大量の汗をかいて、体内の水分が少なくなると汗が出にくくなります。汗には体温の上昇を抑える働きがあるため、汗が出なくなると、脱水症状や熱中症の原因になります。汗にはナトリウム（塩分）も含まれるため、脱水症状を引き起こすこともあるので注意しましょう。

身体の水分が不足すると…

体重の60～70％を占める水分。運動などで大量の汗をかいて
体から水分が失われると、さまざまな影響が出てきます。

1％減ると…
のどの渇きを感じるようになります。乾きを感じる前の水分補給を心がけて。

2％減ると…
強い乾きとめまい、吐き気、ぼんやりする(集中力の低下)などの症状が見られるように。

3％減ると…
汗が出なくなり、身体の動きに影響が出て、パフォーマンスの低下につながります。

2％以上減らないように、こまめな補給を！
練習前後に体重測定を行い、何％減るのか把握しよう

水の役割

第６の栄養素ともいわれ、身体の中で大切な働きをになう水。
なかでも代表的な４つの役割を紹介します。

①身体の成分になる

人間の身体の60～70％を占める水。消化吸収などのエネルギー生産や細胞の再生も、すべてこの水を通して行われます。

②細胞の溶液になる

水を介して細胞の中と細胞の外の圧力のバランスを保つことで、身体の細胞が正常に保たれます。

③栄養素を運ぶ

栄養素を吸収したり、全身に運び届けるのも水がなければできません。老廃物の運搬・排出も行います。

④体温を調節する

汗をかいたり、尿を排出することで体温を調整します。水分不足になると調整機能が狂ってしまいます。

熱中症とは

暑い環境で起こる健康障害の総称で、大きく４つに分類されます。
症状に気づいたら、適切な応急処置が必要です。

熱射病	熱疲労	熱失神	熱けいれん
もっとも重症で、生命にかかわる危険があります。身体に熱がこもり脳の体温調節中枢がまひし、体温が40度以上になることが多く、言動がおかしいなどの意識障害を起こします。発汗はなく、高体温が長く続くほど危険なので、すぐに病院へ。	暑さに慣れないまま、急に激しい運動をしたときの脱水によって起こります。異常なほど多くの汗をかき、熱のバランスが崩れて調節が効かなくなり、体温が上昇、だるさ、吐き気、頭痛が起こります。顔が真っ青になって気を失ったら即病院へ。	熱中症の初期症状で、暑さで起こる皮膚血管の拡張によって血圧が低下し、脳の血流が減少して起こります。症状はめまいや唇のしびれ、一時的な失神、顔が蒼くなるなど。涼しい場所に衣服をゆるめて寝かし、水分を補給すれば回復します。	熱中症の初期症状。たくさんの汗をかくと、水分のほかに塩分も多量に失われ、血液中の塩分濃度が薄まり、手足や腹筋などに痛みを伴ったけいれんが起きます。体液に近いスポーツドリンクや１％弱の食塩水を飲めば改善します。

練習・リハビリ中はこまめに水分補給を

選手は練習やリハビリなどでたくさんの汗をかきます。夏の暑い時期は1日に大量の水分を失うことも。水分不足はパフォーマンスを低下させるだけでなく、熱中症の原因になります。練習・リハビリ中はこまめに水分を補給するように心がけましょう。

自分は汗をどれだけかくのか把握するためにも、練習やリハビリの前と後に体重をはかることがおすすめです。練習後に体重が2～3％以上減らないような水分補給をしましょう。そのためには、身体を動かす30分～1時間前にも水分補給することです。

子どもは大人に比べると体温調節することが難しく、摂取した水分が体内に吸収されるまで時間がかかります。のどの渇きを覚えてから水を飲んでも、手遅れになる場合があるのです。大人以上にこまめな水分補給を意識してください。

スポーツドリンクも上手に使い分けを

運動・リハビリ中に飲むものは、水やお茶、スポーツドリンクが適しています。スポーツドリンクでナトリウムを多く含むものは塩分の補給に適し、炭水化物（糖質）を多く含むものはエネルギー補給に適しています。

スポーツドリンクでよく聞く「アイソトニック飲料」と「ハイポトニック飲料」の違いは浸透圧です。糖質濃度が高いほど糖吸収が優れますが、水分吸収が低下します。「アイソトニック飲料」は体液と浸透圧が同じなので、水分が身体に吸収されるまで時間がかかります。そのため、身体を動かす前に飲むことがおすすめです。「ハイポトニック飲料」は浸透圧が低いため、水分が早く吸収されるので運動中に適しています。

知っておきたいkeyword

スポーツドリンク

大量の汗をかいたとき、水分とともに失われるミネラルなどを補給するのに適した飲料。特徴を知って、上手に使い分けましょう。

アイソトニック飲料

練習やリハビリの30～40分前に飲むのが効果的なドリンク。ゆっくり吸収されます。

ハイポトニック飲料

水分吸収が早いため、練習・リハビリ中に飲むのに適しています。

水分補給は タイミングと内容が大切

練習やリハビリ中は、身体を動かすことに夢中で、水分補給を忘れがち。水分不足を防ぐために、補給のタイミングを決めておきましょう。

最適な水分補給は、まず、練習・リハビリ開始前にコップ1~2杯の水を飲み、運動中は15~30分おきにコップ1杯程度ずつ飲むようにすること。何度も飲んでいると満腹感を覚え、飲めなくなってしまうこともあります。その場合は、うがいや、身体に水をかけるなどしてもかまいません。また、終了後の水分補給も忘れないようにしましょう。

水分補給はタイミングと内容選択が重要です。それほど暑くない場合は、スポーツドリンクではなく、水やお茶などでの水分補給で充分の場合もあります。気温や目的によって、内容も飲み分けすることが大切です。

水分補給のタイミング

練習・リハビリ前コップ1～2杯を補給。1時間の練習・リハビリでは約500～1000mlの水分補給をしましょう。2時間の場合はその2倍が目安になります。

コップ1～2杯の水分補給を

練習・リハビリ前に体重をはかり、コップ1～2杯程度の水を飲みます。動く前の水分補給は、熱中症などの予防にもつながります。

15～30分おきに水分補給を

のどが渇く前に、こまめに水を飲みましょう。

スポーツドリンクや牛乳、100%ジュースを補給しよう

練習・リハビリ後30分以内に水分とともにたんぱく質や炭水化物（糖質）をとります。身体の回復がスムーズになります。

ケガの予防・回復におすすめの食材

ここでは、食材ごとにどんな栄養素が含まれていて、
どんな特性があるのかを見ていきましょう。毎日の献立づくりに活用してください。

パワーを生み出す 主食

米

100gあたりの栄養価

[めし・精白米]	
エネルギー	168kcal
たんぱく質	2.5g
脂質	0.3g
炭水化物	37.1g

多く含まれる栄養素

炭水化物（糖質）

ポイント

◎エネルギー源として大活躍。疲労回復にも。
◎運動量の少ないリハビリの時期は、雑穀米などを混ぜて食物繊維を多くし、ミネラルを補給する。水分を多めにして炊き、やわらかくしてとると食べやすい。

パン

100gあたりの栄養価

[食パン]	
エネルギー	264kcal
たんぱく質	9.3g
脂質	4.4g
炭水化物	46.7g

多く含まれる栄養素

炭水化物（糖質）

ポイント

◎手軽にエネルギー補給でき、吸収も早い。
◎デニッシュやクロワッサンなど脂質の高いものはさけ、余計なジャムやバターなどでカロリーをとり過ぎないように。

スパゲッティ

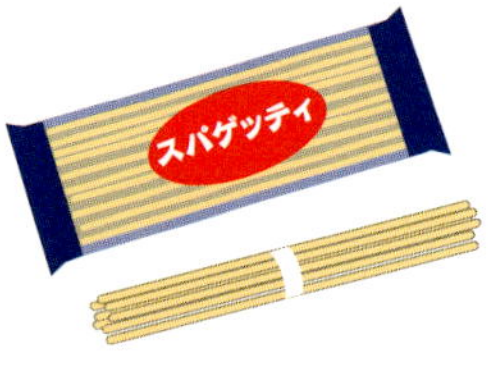

100gあたりの栄養価

[スパゲッティ・乾]	
エネルギー	378kcal
たんぱく質	13.0g
脂質	2.2g
炭水化物	72.2g

多く含まれる栄養素

炭水化物（糖質）

ポイント

◎糖質を多く含み、持久力や集中力がアップする。
◎ソースによってエネルギーや効果が変わるが、ケガの予防や回復時は低カロリーのソースを選ぶ。

そば

100gあたりの栄養価

[そば・生]	
エネルギー	274kcal
たんぱく質	9.8g
脂質	1.9g
炭水化物	54.5g

ポイント

◎たんぱく質を多く含み、筋肉や骨をつくる。強い身体づくりや回復時に積極的にとりたい。
◎たんぱく質と鉄が含まれるので、貧血の予防、改善に。ビタミンCを一緒にとると、鉄の吸収がアップする。
◎傷の回復を促す亜鉛が豊富。

抗炎症・抗酸化作用がある
魚介類

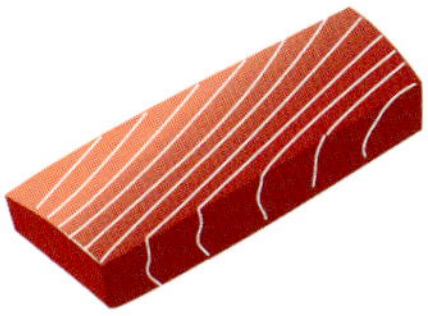

まぐろ

100gあたりの栄養価

[くろまぐろ・赤身・生]

エネルギー	125kcal
たんぱく質	26.4g
脂質	1.4g
炭水化物	0.1g

多く含まれる栄養素

たんぱく質、DHA・EPA、鉄、イミダペプチド

ポイント

◎トロではなく赤身をチョイスする。赤身は魚介類でいちばんの低カロリーで、体重増加を抑えるのにおすすめ。
◎吸収のよいヘム鉄とたんぱく質が同時に摂取できるため、貧血予防・回復によい。ビタミンCと一緒にとるとさらに吸収がアップ。
◎抗酸化作用があり、疲労回復を助けるイミダペプチドが多く含まれている。

豚肉

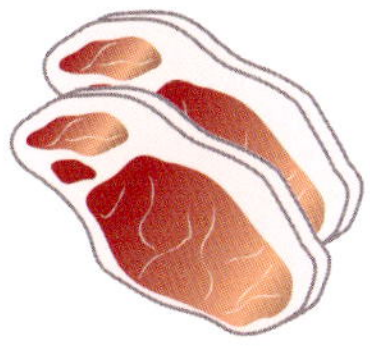

100gあたりの栄養価

[もも・脂身つき・生]

エネルギー	183kcal
たんぱく質	20.5g
脂質	10.2g
炭水化物	0.2g

多く含まれる栄養素

たんぱく質、ビタミンB_1

ポイント

◎ビタミンB_1で疲労回復&夏バテの予防に。
◎ケガの予防・回復のために必要な、たんぱく質とビタミンが同時にとれる優良食材。
◎にんにく、しょうが、たまねぎなどととれば、ビタミンの吸収がアップ。

牛肉

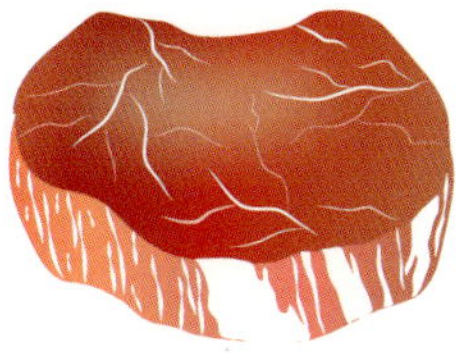

100gあたりの栄養価

[和牛・もも・脂身つき・生]

エネルギー	246kcal
たんぱく質	18.9g
脂質	17.5g
炭水化物	0.5g

多く含まれる栄養素

たんぱく質、鉄、亜鉛

多く含まれる栄養素

炭水化物（糖質）、ビタミンB_1、たんぱく質

ポイント

◎主食だが、たんぱく質も含まれるので身体づくりにも。
◎疲労回復やケガの予防・回復に。
◎ルチンが毛細血管を強化する。ルチンは水に溶けやすいためそば湯も飲むようにするとよい。

たんぱく質を多く含む
肉類

鶏肉

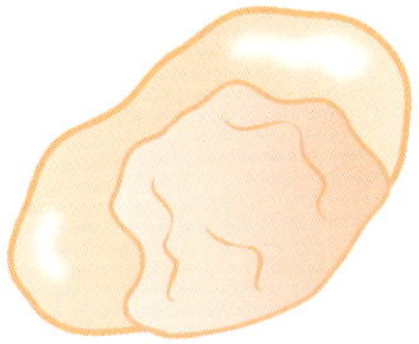

100gあたりの栄養価

[若鶏・むね・皮つき・生]

エネルギー	191kcal
たんぱく質	19.5g
脂質	11.6g
炭水化物	0g

多く含まれる栄養素

たんぱく質、イミダペプチド、コラーゲン（手羽先、なんこつ）

ポイント

◎高たんぱくで低脂肪なので、ケガの予防・回復の強い味方。
◎消化がよく、豊富なたんぱく質で筋肉づくりをサポート。油控えめの調理法でさらに吸収率アップ。
◎手羽先やなんこつはコラーゲンの供給源。関節の補強や痛みの緩和効果も。煮込み料理がおすすめ。

多く含まれる栄養素

たんぱく質、タウリン、DHA・EPA

ポイント

◎高たんぱくだが、魚介類の中では脂肪含有量2％と低脂肪で、体脂肪増加を防ぐ。
◎ワタには免疫力に関与するビタミンAが豊富。たんぱく質と合わせてとると効果的。

良質なたんぱく質が豊富 卵・乳製品

卵

100gあたりの栄養価

[全卵・生]

エネルギー	151kcal
たんぱく質	12.3g
脂質	10.3g
炭水化物	0.3g
ビタミンB_1	0.06mg

多く含まれる栄養素

たんぱく質、ビタミンA、ビタミンD、ビタミンB_2、鉄

ポイント

◎良質のたんぱく質が筋肉、骨、血液など身体を効率よくつくる。
◎アミノ酸のバランスがよく、完全食品といわれている。
◎卵に含まれるレシチンにはコレステロールを抑制する効果も。

ポイント

◎高たんぱく低脂肪なので、体脂肪増加を防ぎながらたんぱく質が摂取できる。
◎脂溶性ビタミンが豊富。少量の油ととると吸収率がアップ。
◎消化がよく、胃腸が弱っている時でも無理なく食べられる。

さば

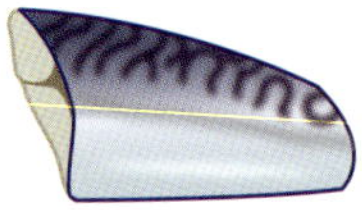

100gあたりの栄養価

[まさば・生]

エネルギー	202kcal
たんぱく質	20.7g
脂質	12.1g
炭水化物	0.3g

多く含まれる栄養素

たんぱく質、ビタミンB_2・B_6・B_{12}、DHA・EPA

ポイント

◎脂質の代謝を高め、細胞の再生に効果的なビタミンB群が豊富。
◎身の中心にある血合いには鉄が多く含まれる。

いか

100gあたりの栄養価

[するめいか・生]

エネルギー	88kcal
たんぱく質	18.1g
脂質	1.2g
炭水化物	0.2g

さけ

100gあたりの栄養価

[しろさけ・生]

エネルギー	133kcal
たんぱく質	22.3g
脂質	4.1g
炭水化物	0.1g

多く含まれる栄養素

たんぱく質、ビタミンD、DHA・EPA、アスタキサンチン

ポイント

◎非常に強い抗酸化成分であるアスタキサンチンが豊富。免疫力などに働きかけ、強い身体をつくる。
◎カルシウムの吸収率を上げるビタミンDが豊富。乳製品や大豆製品などと一緒にとるとよい。
◎DHAとEPAで脳を活性化させる働きがある。

たら

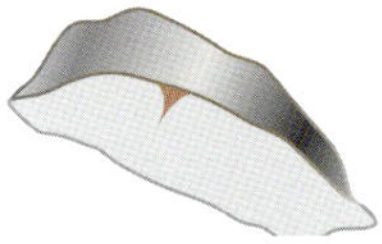

100gあたりの栄養価

[まだら・生]

エネルギー	77kcal
たんぱく質	17.6g
脂質	0.2g
炭水化物	0.1g

多く含まれる栄養素

たんぱく質、ビタミンA、ビタミンD、ビタミンE

多く含まれる栄養素

たんぱく質、カルシウム、鉄、食物繊維

ポイント

◎たんぱく質、カルシウム、鉄と身体づくりに必要な栄養が豊富。低カロリーなので体重増加を防ぐ。

◎たんぱく質やカルシウムは木綿豆腐、ビタミンは絹豆腐により多く含まれる。高野豆腐は豆腐の9倍のたんぱく質を含む。

納豆

100gあたりの栄養価

[糸引き納豆]

エネルギー	200kcal
たんぱく質	16.5g
脂質	10.0g
炭水化物	12.1g

多く含まれる栄養素

たんぱく質、カルシウム、ビタミンB_2、食物繊維、鉄

ポイント

◎成長を促進させるビタミンB_2は、発酵前の大豆の6倍含まれる。

◎納豆菌は乳酸菌よりも長時間、腸内の腐敗菌を抑える。整腸作用がある。

大豆・枝豆

100gあたりの栄養価

チーズ

100gあたりの栄養価

[ナチュラルチーズ・チェダー]

エネルギー	423kcal
たんぱく質	25.7g
脂質	33.8g
炭水化物	1.4g

多く含まれる栄養素

たんぱく質、カルシウム、脂質、ビタミンA、ビタミンB2

ポイント

◎筋肉や骨を強化する、成長期や回復期に多く必要となる栄養素が豊富。吸収がよいのも特徴。

◎副菜や補食としても利用しやすい。いろいろなメニューに粉チーズを追加して、こまめにとるのもおすすめ。

植物性のたんぱく質

豆類

豆腐

100gあたりの栄養価

[木綿豆腐]

エネルギー	72kcal
たんぱく質	6.6g
脂質	4.2g
炭水化物	1.6g

牛乳

100gあたりの栄養価

[普通牛乳]

エネルギー	67kcal
たんぱく質	3.3g
脂質	3.8g
炭水化物	4.8g

多く含まれる栄養素

たんぱく質、カルシウム、ビタミンA、ビタミンB_2

ポイント

◎骨をつくるカルシウムが豊富。カルシウムの吸収を高めるたんぱく質と乳糖も含まれている。

◎善玉菌のラクトフェリンが豊富で、免疫力を高めてくれる。

ヨーグルト

100gあたりの栄養価

[全脂無糖]

エネルギー	62kcal
たんぱく質	3.6g
脂質	3.0g
炭水化物	4.9g

多く含まれる栄養素

たんぱく質、カルシウム、ビタミンB_2、乳酸菌

ポイント

◎たんぱく質とカルシウムが豊富。筋肉や骨を強化してくれる。

◎善玉菌が腸内環境を整え、体内の免疫力を高める。

[大豆・ゆで]

エネルギー	180kcal
たんぱく質	16.0g
脂質	9.0g
炭水化物	9.7g

多く含まれる栄養素

たんぱく質、ビタミンB_1、ビタミンC、鉄

ポイント

◎植物性たんぱく質が豊富で、ビタミン・ミネラルの宝庫。

◎枝豆は補食として手軽にとれる。ビタミンB_1で夏バテ対策にも。

ビタミン・ミネラルの補給に

野菜類

トマト

100gあたりの栄養価

[生]

エネルギー	19kcal
たんぱく質	0.7g
脂質	0.1g
炭水化物	4.7g

多く含まれる栄養素

ビタミンC、ビタミンP、カロチン、クエン酸、リコピン

ポイント

◎血液を末端まで運ぶために重要な毛細血管を強化するビタミンPが豊富。

◎関節のケガの回復に必要なコラーゲンの生成を助ける、ビタミンCが含まれている。

◎赤い色素＝リコピンには強力な抗酸化作用があり、免疫力のアップにつながる。

◎鉄やコラーゲンの吸収をアップさせる効果があるので、いろいろな食材と組み合わせて調整するのがおすすめ。

アスパラガス

100gあたりの栄養価

[生]

エネルギー	20kcal
たんぱく質	2.6g
脂質	0.2g
炭水化物	3.9g

多く含まれる栄養素

アスパラギン酸、ルチン、ビタミンA

ポイント

◎疲労回復に効果があるアスパラギン酸が含まれる。

◎根元より穂先のほうが栄養が豊富。穂先に含まれるルチンは毛細血管強化や血行促進効果も。

にんじん

100gあたりの栄養価

[根皮つき・生]

エネルギー	37kcal
たんぱく質	0.6g
脂質	0.1g
炭水化物	9.1g

多く含まれる栄養素

ビタミンA、炭水化物

ポイント

◎豊富に含まれるβカロチンが活性酸素を抑制し、免疫力を高める。

◎炭水化物が含まれるのでエネルギー補給にも。

ブロッコリー

100gあたりの栄養価

[生]

エネルギー	33kcal
たんぱく質	4.3g
脂質	0.5g
炭水化物	5.2g

多く含まれる栄養素

鉄、ビタミンA、ビタミンC

ポイント

◎鉄とビタミンCを多く含むため、貧血予防に効果的。

◎豊富なビタミンCがかぜの予防やストレスに効果を発揮する。

100gあたりの栄養価

[生]

エネルギー	54kcal
たんぱく質	0.2g
脂質	0.1g
炭水化物	14.6g

多く含まれる栄養素

食物繊維、カリウム、炭水化物

ポイント

◎水溶性食物繊維のペクチンが多く、腸を活性化させ、腸内環境を整える。下痢や便秘に効果的。

◎りんご酸やクエン酸など、数種類の有機酸を含む。

◎りんご1個のカロリーはおにぎり1個よりも低いが満腹感はあるため、体脂肪が気になる選手におすすめ。

バナナ

100gあたりの栄養価

[生]

エネルギー	86kcal
たんぱく質	1.1g
脂質	0.2g
炭水化物	22.5g

多く含まれる栄養素

炭水化物、カリウム、食物繊維

ポイント

◎フラクトオリゴ糖が便秘を改善する。

◎甘味成分はエネルギーになりやすい果糖やぶどう糖なので、エネルギー補給に最適。

◎手軽に持ち運べるため外出先の補食にもおすすめ。

多く含まれる栄養素

ビタミンC、ビタミンP、炭水化物

ポイント

◎ビタミンCを多く含み、抗酸化物質として活性酸素を除去する働きがある。

◎炭水化物と水分を含んでいるので、エネルギーや水分の補給に最適な食材といえる。

グレープフルーツ

100gあたりの栄養価

[生]

エネルギー	38kcal
たんぱく質	0.9g
脂質	0.1g
炭水化物	9.6g

多く含まれる栄養素

炭水化物、ビタミンC

ポイント

◎苦み成分には満腹感を増進させる効果があり、香りには食欲を抑える効果がある。体脂肪が気になる時におすすめ。

◎クエン酸が疲労回復や新陳代謝を促進。

りんご

補食としても活躍！

果物類

いちご

100gあたりの栄養価

[生]

エネルギー	34kcal
たんぱく質	0.9g
脂質	0.1g
炭水化物	8.5g

多く含まれる栄養素

ビタミンC、カリウム、炭水化物

ポイント

◎ビタミンCが豊富。成人が1日に必要なビタミンCが普通サイズ5～6個で摂取可能。

◎免疫力を高めたり、ケガの回復にも効果的。ストレス過多の時にもおすすめ。

オレンジ

100gあたりの栄養価

[ネーブル・生]

エネルギー	46kcal
たんぱく質	0.9g
脂質	0.1g
炭水化物	11.8g

症状別レシピ INDEX

※P30～49の「スポーツ選手によくある症状の予防・回復食」のレシピについて掲載しています。

体脂肪ダウン

きのこビーフン……33
ビーフとたまねぎのマリネ……38
いわしの梅しそ巻き……39
焼きさばのねぎダレかけ……39
あじの香味野菜……40
スンドゥプチゲ……40
アジアンサラダ……42
野菜のしょうがあえ……42
大根とりんごのサラダ……43
パプリカときのこのバルサミコサラダ……44
わかめとかぶの含め煮……44
厚揚げの白あえ……45
オリーブマリネ……45
グリーンスプラウトサラダ……45
たらととろろ昆布の味噌汁……46
根菜汁……46
ガスパッチョ……47
ヨーグルトサラダスープ……47
ジンジャーミルクドリンク……49

貧血

あさりと緑野菜のパスタ……32
いかレモンパスタ……33
ほうれん草と卵サラダトースト……34
きなこ水きりロール・ソーセージロール……34
白ごま納豆そば……35
チキンときのこのトマト煮……37
ビーフとたまねぎのマリネ……38
レバニラ……38
いわしの梅しそ巻き……39
あじの香味野菜……40
スンドゥプチゲ……40
アボカドディップ……43
かぼちゃ小豆汁……46
たらととろろ昆布の味噌汁……46
いちごのブラマンジェ……48
オートミールクッキー……48
ジンジャーミルクドリンク……49

便秘・下痢

ミルクリゾット……31
スープスパゲッティ……32
きのこビーフン……33

きなこ水きりロール・ソーセージロール…… 34
白ごま納豆そば…… 35
チキンクリーム煮…… 37
長いもの麻婆風…… 41
アジアンサラダ…… 42
野菜のしょうがあえ…… 42
大根とりんごのサラダ…… 43
わかめとかぶの含め煮…… 44
オリーブマリネ…… 45
根菜汁…… 46
ごぼうのポタージュ…… 47
ガスパッチョ…… 47
ヨーグルトサラダスープ…… 47
オートミールクッキー…… 48

かぜ

トマトミートライス…… 31
ほうれん草と卵サラダトースト…… 34

肉団子入り煮込みうどん…… 35
チキンときのこのトマト煮…… 37
アボカドディップ…… 43
大根とりんごのサラダ…… 43
パプリカときのこのバルサミコサラダ…… 44
グリーンスプラウトサラダ…… 45
かぼちゃ小豆汁…… 46
ガスパッチョ…… 47
いちごのブラマンジェ…… 48
フルーツタピオカヨーグルト…… 49
ジンジャーミルクドリンク…… 49

夏バテ

トマトミートライス…… 31
あさりと緑野菜のパスタ…… 32
いかレモンパスタ…… 33
きのこビーフン…… 33
ほうれん草と卵サラダトースト…… 34

きなこ水きりロール・ソーセージロール…… 34
肉団子入り煮込みうどん…… 35
白ごま納豆そば…… 35
ごま揚げ…… 36
豚のキムチチーズ巻き…… 36
チキンときのこのトマト煮…… 37
ビーフとたまねぎのマリネ…… 38
レバニラ…… 38
あじの香味野菜…… 40
スンドゥブチゲ…… 40
ビーンズコロッケ…… 41
野菜のしょうがあえ…… 42
オートミールクッキー…… 48
フルーツタピオカヨーグルト…… 49

疲労

ビビンバ風丼…… 30
ミルクリゾット…… 31

トマトミートライス……31
あさりと緑野菜のパスタ……32
いかレモンパスタ……33
きのこビーフン……33
ほうれん草と卵サラダトースト……34
きなこ水きりロール・ソーセージロール……34
肉団子入り煮込みうどん……35
白ごま納豆そば……35
ごま揚げ……36
豚のキムチチーズ巻き……36
チキンクリーム煮……37
チキンときのこのトマト煮……37
ビーフとたまねぎのマリネ……38
レバニラ……38
いわしの梅しそ巻き……39
焼きさばのねぎダレかけ……39
あじの香味野菜……40
スンドゥプチゲ……40
ビーンズコロッケ……41
長いもの麻婆風……41
かぼちゃ小豆汁……46
たらととろろ昆布の味噌汁……46
オートミールクッキー……48

ストレス

トマトミートライス……31
あさりと緑野菜のパスタ……32
いかレモンパスタ……33
チキンときのこのトマト煮……37
いわしの梅しそ巻き……39
焼きさばのねぎダレかけ……39
アボカドディップ……43
大根とりんごのサラダ……43
パプリカときのこのバルサミコサラダ……44
わかめとかぶの含め煮……44
グリーンスプラウトサラダ……45
ヨーグルトサラダスープ……47
いちごのブラマンジェ……48
フルーツタピオカヨーグルト……49

脱水・熱中症

ビビンバ風丼……30
桜えび丼……30
ミルクリゾット……31
トマトミートライス……31
スープスパゲッティ……32
あさりと緑野菜のパスタ……32
いかレモンパスタ……33
ビーフとたまねぎのマリネ……38
いわしの梅しそ巻き……39
あじの香味野菜……40
スンドゥプチゲ……40
アジアンサラダ……42
パプリカときのこのバルサミコサラダ……44
かぼちゃ小豆汁……46

たらととろ昆布の味噌汁……46

痙攣《けいれん》

桜えび丼……30
ミルクリゾット……31
スープスパゲッティ……32
肉団子入り煮込みうどん……35
ごま揚げ……36
チキンクリーム煮……37
厚揚げの白あえ……45
かぼちゃ小豆汁……46
たらととろ昆布の味噌汁……46
根菜汁……46
ごぼうのポタージュ……47
ガスパッチョ……47
ヨーグルトサラダスープ……47
フルーツタピオカヨーグルト……49
ジンジャーミルクドリンク……49

食欲不振

ミルクリゾット……31
スープスパゲッティ……32
肉団子入り煮込みうどん……35
白ごま納豆そば……35
ごま揚げ……36
豚のキムチチーズ巻き……36
チキンクリーム煮……37
焼きさばのねぎダレかけ……39
ビーンズコロッケ……41
パプリカときのこのバルサミコサラダ……44
オリーブマリネ……45
グリーンスプラウトサラダ……45
ごぼうのポタージュ……47
ガスパッチョ……47
ヨーグルトサラダスープ……47
いちごのブラマンジェ……48
フルーツタピオカヨーグルト……49
ジンジャーミルクドリンク……49

著者略歴

川端理香　かわばた りか

管理栄養士。元日本オリンピック委員会強化スタッフ。アテネオリンピックでは、ビクトリープロジェクトチーフ管理栄養士として、全日本女子バレーボールチームや、水泳の北島康介選手を、北京オリンピックでは、全日本男子バレーボールチームをサポート。ヴェルディ、浦和レッズ、ベガルタ仙台、サガン鳥栖、豊田合成トルフェルサなどのチームやプロ野球選手、プロゴルファー、現在は日立リヴァーレ、Jリーグプロサッカー選手の狩野健太選手、富澤清太郎選手、飯倉大樹選手、天野貴史選手や、海外の選手の個人サポートを行う。講演・雑誌などでも活躍中。企業の商品開発やアドバイザーも行う。著書、監修書に『10代スポーツ選手の栄養と食事』『10代スポーツ選手の食材事典』（大泉書店）などがある。

STAFF

料理制作・栄養価計算 ―― 川端理香
制作協力 ―― 久保田武晴（くぼたスポーツ接骨院）
料理制作アシスタント ―― 川端利枝
盛り付け・フードスタイリング ―― 黒瀬佐紀子
撮影 ―― 奥村暢欣、柴田愛子（スタジオダンク）
本文デザイン ―― 大谷孝久（CAVACH）
本文イラスト ―― オノデラコージ、上重さゆり
編集協力 ―― 伊達砂丘（スタジオポルト）、内藤真左子

強いカラダをつくる！
10代スポーツ選手のケガ予防と回復食
2015年8月24日　初版発行

著　者　川端理香
発行者　佐藤龍夫
発　行　株式会社大泉書店
住　所　〒162-0805 東京都新宿区矢来町27
TEL 03-3260-4001(代)　FAX 03-3260-4074
振　替　00140-7-1742
印刷・製本　凸版印刷株式会社

URL　http://www.oizumishoten.co.jp/
ISBN 978-4-278-04921-3　C0075